Secretos de la oración eficaz.
Hacia una vida transformada.

Rosmary Pacheco Díaz

SECRETOS DE LA ORACIÓN EFICAZ HACIA UNA VIDA TRANSFORMADA.

DEDICATORIA Y AGRADECIMIENTOS

Dedico este proyecto a mi amado Padre Celestial. Él ha puesto letras sublimes en mi corazón. Al único y sabio Dios sea la gloria por siempre.

A mi esposo Douglas Carbonell Durán mi compañero de mil batallas.

A la memoria de mi padre Hermes Pacheco Rivera que me dijo adiós el día 14 de julio del 2020.! Pa fuiste el mejor!

A mi madre María Gilma Díaz. La mujer que me enseñó la mejor actitud ante los embates de la vida.

A mis hermanos: Ramón, Hermes e Iveth.

A mis bellos sobrinos.

A la pastora Sonia Mesa: mentora, amiga y consejera.

A todos los discípulos del Señor en la Iglesia Cristiana Integral Shalom Internacional.

Rosmary Pacheco Diaz nació en la ciudad de Barranquilla- Colombia, el 7 de febrero del 1966. Desde muy pequeña jugaba a ser una oradora; se subía a un podio de madera y hablaban aire. Por otro lado, escuchaba las historias que la abuela Luisa le narraba en tono de misterio y estas fueron el primer amor con el mundo de las letras. La lectura y la escritura ha sido su gran inclinación. La universidad de Cartagena le otorgó el título de Profesional en Lingüística y Literatura. Mas tarde, se especializó en Educación superior con la UNAD. En la Universidad de Salamanca se formó en la maestría de Escritura Creativa.

Se ha desempeñado como docente investigadora en colegios y universidades en la catedra de las Competencias Comunicativas y la Lengua Castellana. Coordinó el proyecto Plan Lector para universitarios en la Universidad del Sinú de Cartagena de Indias. Su trabajo de investigación en las competencias comunicativas aparece registrado en Colciencias- Colombia.

Desde su encuentro con Dios en el año 1991 se ha capacitado en diversas áreas como: familia, consejería y teología. El seminario, Matrimonios para toda la vida (MIM) y Hogar cristiano feliz; han sido las herramientas que más le han ayudado a la restauración de los hogares, sumado a los estudios de teología con la facultad de estudios teológicos Aflet.

Ha servido a Dios y al prójimo en la consejería bíblica, discipulado, y proclamando el mensaje de salvación. Junto a su esposo Douglas Carbonell han sido capellanes de instituciones educativas y pastores de jóvenes. Actualmente, los esposos Carbonell – Pacheco son pastores de la comunidad: Iglesia Cristiana Shalom en Cartagena de Indias - Colombia adscrita a la Denominación Bautista colombiana.

ENLACES DE CONTACTO CON ROSMARY PACHECO DÍAZ

WhatsApp: 3014404086

Facebook:

Rosmary Pacheco Diaz (rosmary.pachecodiaz)

Rosmary Pacheco Letras Sublimes

Iglesia Cristiana Integral Shalom (IglesiaCristianaIntegralShalom)

Email:

rosmerypachecodiaz@gmail.com

YouTube:

Iglesia Cristiana Integral Shalom

TABLA DE CONTENIDO

INTRODUCCIÓN

En marzo del 2020 Colombia comenzó a vivir de forma directa las secuelas del virus Covid 19. Un hombre de 58 años, que por espacio de 20 años había trabajado como taxista en la ciudad de Cartagena, era la primera víctima de la peste maligna en mi país, no obstante, el epicentro de la pandemia era Europa que lloraba sus muertos grandes y pequeños.

Recordaré el 2020 como un año doloroso en extremo, sin embargo, fue el año en que escuché a miles reconocer al Creador del Universo como la única esperanza de sus vidas. Nunca olvidaré la escena en un vecindario de Italia; desde los balcones entonaban el himno "Cuan grande es él", en tanto, en otro lugar y en el mismo país, tiraban billetes a la calle proclamando el carácter efímero de lo material. Ha sido este, el año en que las redes sociales fueron el epicentro de la oración, y el antídoto del mal más letal de todos los tiempos; el pecado y la indiferencia al Creador.

Los templos fueron cerrados, sin embargo, la iglesia se multiplicaba exponencialmente hasta los confines de la tierra a través de la web. Por otro lado, En muchas ocasiones, veía en videos a los predicadores afuera de algunos hospitales y con vehemencia compartían el mensaje de salvación. La oración proliferaba por lo enfermos, enlutados y los atemorizados. Derramé lágrimas de alegría al ver en las redes fotos de hombres y mujeres arrodillados en las calles envueltos en banderas, quebrantados y alabando al Dios Todopoderoso.

Algunas personas que se conectaban a nuestros programas en Facebook live, me expresaban su deseo de aprender a orar correctamente. Pude observar que tanto, miembros activos en las congregaciones, así como nuevos creyentes anhelaban dialogar con El Eterno y no lo sabían hacer. Entonces preparé un material que titulé "Seminario de oración" y lo hemos estado estudiando en grupos pequeños de forma virtual. De esta manera, nació este proyecto basado en las enseñanzas de

Jesucristo a sus discípulos acerca la importancia de orar con eficacia y sin desmayar. En cada capítulo profundizo en las verdades que el Mesías dejó como legado para todos los que anhelan una relación amorosa con el Padre celestial.

Este material debe ser adquirido por todo aquel que cree que la oración es el fundamento para una relación plena con el Dios de los siglos. Puede utilizarse como guía en sus altares familiares, en grupos de formación y liderazgo, en tertulias o conversatorios.

Este libro contiene algunos testimonios del poder de Dios. Los lectores pueden interactuar con cada texto bíblico y con enlaces concernientes a mensajes que ampliaran el alcance de cada tema. El lector puede utilizar la versión bíblica de su preferencia, pero le animamos a que completen los espacios utilizando la versión Reina Valera 1960, con el objetivo que la palabra quede grabada en la mente y el corazón. Nunca debemos olvidar que: la fe viene por el oír y el oír la palabra de Dios (Romanos 10:17). Además, sin fe es imposible agradar a Dios. Otras actividades que encontramos al final de cada capítulo tienen el objetivo que la palabra de Dios nos transformé en personas obedientes, cumplidoras del sueño de Dios en nosotros y a través nuestro.

CAPÍTULO 1. EL PADRE CELESTIAL DEBE SER SIEMPRE LA PRIORIDAD.

PADRE NUESTRO QUE ESTAS EN LOS CIELOS. MATEO 6: 9

En cierta ocasión, mi esposo, el pastor Douglas Carbonell y varios miembros de nuestra congregación orábamos en un barrio de la ciudad de Cartagena de Indias-Colombia.

La estrategia era parte de un programa evangelístico llamado "Faro de oración". Durante siete días caminábamos por las calles de ese lugar y pedíamos al Señor, que derribara los obstáculos que impedían a esas personas acercarse a sus caminos. Otra petición era que Dios nos permitiera encontrar en esa zona "persona de paz" es decir, dispuesta para servir en el reino e influyentes en la comunidad. Acto seguido, nos presentábamos a los hogares como misioneros y les pedíamos sus motivos de oración.

Las personas estaban receptivas y compartían con urgencia sus cargas. En esa jornada, una vecina deseaba que se visitara a una amiga que estaba muy atribulada. Dichas personas recibieron, ese día, el mensaje de salvación, y ellos se entregaron a Dios. En la noche, al volver a esa casa, la hija de estos nuevos creyentes, le entrega a mi esposo unas pápatelas de raticida. Ella estaba tan angustiada, al punto, que ese día planeaba quitarse la vida. En ese barrio se comenzó un proceso de siembra de la palabra de Dios a través de grupos pequeños. Hoy día estos hermanos son persona de paz y obreros en la viña de Dios. Toda la gloria y honra siempre serán para El rey de reyes, por eso le santificamos. Santificamos a Dios por que es nuestro Padre que nos anhela, por su esencia y lo alabamos por sus hechos maravillosa.

El pensamiento de amar a Dios sobre todas las cosas acompaña la historia de la fe; encabeza el decálogo entregado a Moisés, además, era parte de la instrucción del pueblo judío desde la niñez. Jesús comparte los códigos de la oración maestra, engrandeciendo al creador y dueño de la vida. La primera parte de la oración del Padre Nuestro se concentra en invocar y exaltar a Dios, atraer su dominio en las vidas y alinearnos a su voluntad; es decir, El Hijo de Dios, deja claro que amar, obedecer al Padre y servirle no es una responsabilidad de unos pocos elegidos, sino de todos sus hijos. La educación espiritual del pueblo de Israel contemplaba la tradición oral, entre la que se aprendía de memoria Deuteronomio 6: 4-9 y se repetía de generación en generación.

Es urgente volver a la senda antigua de la educación establecida por Dios en la biblia, donde se enseñe a amar al dueño de la vida sobre todas las cosas.

La práctica de la oración eficaz y estudio de las escrituras sería el antídoto para la crisis de valores que se vive en las esferas de la familia, y la sociedad en general. Muchos gobiernos se oponen a adoptar la biblia y la oración en la formación integral de los niños y jóvenes, no obstante, si Dios es excluido de la vida del ser humano, indefectiblemente el caos irá en aumento.

Las crisis emocionales, los abusos al interior de los hogares, los feminicidios, divorcios, abortos, adicciones, entre otros, son evidencias del estado de tinieblas e indiferencia a los principios establecidos desde el principio por nuestro Señor. En la medida que el hombre pierde el amor hacia el Eterno, pierde el amor al prójimo como está escrito en Mateo 24: 12:

Y por haberse _____ la maldad el amor de muchos se
_____.

LA REVELACIÓN DE UN DIOS ABBA.

La palabra Abba es una voz aramea que significa "papá". Era una de las primeras palabras que los bebes aprendían en el entorno judío, es decir, con esta, expresaban respeto; y a la vez ternura a sus progenitores. Es nuestro Salvador y Señor Jesucristo quien nos ofrece el modelo de oración dedicada a Dios como papá. La expresión "Padre nuestro" refuerza el vínculo amoroso y perfecto que embarga al creyente en una perspectiva de seguridad, gozo y plenitud. La presente verdad nos abre los ojos espirituales a una relación íntima con el Todopoderoso, semejante a la que Cristo desarrolló con el Creador y esta revelación es el preámbulo de un oración eficaz. En Santiago 5:16 (la versión bíblica utilizada es: Reina Valera 1960) se nos recalca que:

La oración _____ del justo puede mucho,

Por tanto, toda oración eficaz debe llevar en el creyente que la ejecuta la diáfana certeza de que Dios no es lejano; ni tirano o inquisidor. Cuando Jesús enseña a orar a sus discípulos; intenta transmitirles que él es nuestro papito Dios y nuestro Abba, como lo llamó Jesús cuando agonizaba en la cruz:

Abba, _____, todas las cosas son _____ para ti; aparta de mí esta _____; mas no lo que yo quiero, sino lo que tú....

Marcos 14:36.

LA ORACIÓN A MI ABBA, ME LIBERA DE LA ORFANDAD Y LA CULPA.

En el Nuevo Testamento se refuerza este tierno concepto de "papito Dios" que robustece nuestra intimidad con el creador y la capacidad de percibirlo con corazones de niños. Asimismo, se traduce en una vida llena de su presencia cada día de nuestra peregrinación:

Y por cuanto sois _____, Dios envió a vuestros corazones el _____ de su Hijo, el cual _____; ¡Abba, Padre! Gálatas 4:6.

Muchos padres terrenales han sembrado en el corazón de sus hijos sentimientos de inseguridad, rechazo y abandono. A veces, lo anterior se da como un ciclo de deshonra, del cual, ellos también fueron víctimas. Cuando conocemos el gran amor de Dios a través de Jesucristo, nuestro hermoso salvador restaura y sana esas heridas emocionales que arrastramos.

La oración consistente nos abre camino a una amistad con el creador; él llena paulatinamente ese abismo existencial que intentamos colmar de distintas experiencias que alivien momentáneamente esa orfandad, pero a la postre, ese espacio es exclusivo de la presencia de Dios.

Las ofensas recibidas en el seno de nuestro hogar, crean raíces de orfandad y amargura que nos anclan a eventos pasados, y no nos permiten prosperar en los propósitos que nuestro Padre celestial ha diseñado para nosotros. Nuestros padres terrenales, en ocasiones, provienen de familias donde el deshonor y el maltrato fue algo normal, por tanto, la formación de nuestra personalidad es producto de un ciclo, que consciente o inconscientemente nuestras figuras de autoridad reprodujeron; ejercieron su rol, desde su propio concepto de amor y bajo parámetros de una identidad deforme.

El Padre Celestial restaura la orfandad de nuestro corazón, sepulta nuestra iniquidad; nos hace libres de la culpa y arranca toda raíz de amargura que ha crecido en las entrañas de nuestro ser como está establecido en Miqueas 7: 19:

Él volverá a tener _____ de nosotros; _____ nuestras _____, y echará en lo_____ de mar nuestros_____.

Por tanto, apreciado hermano y amigo, si has confesado tus pecados delante de Dios y te has arrepentido y apartado de ellos; Dios no se acuerda más de tu error. Por consiguiente, ¿quién eres tú para volver a detenerte o castigarte por culpas del pasado? La libertad total y el rompimiento de toda maldición cesa en el momento que tú decides adoptar la misma misericordia y perdón que el Padre de las luces te ha prodigado; de lo contrario, muchas bendiciones quedan atrapadas entre la duda y el temor. Por otro lado, el único compromiso que se adhiere a nuestra vida es el de Mateo 10:8:

... De _____ recibisteis dad de gracia.

Dios nos ha dado la salvación gratis, por tanto, nos corresponde expandir es bendición. Nos urge llevar ese yugo liviano que es; comunicar el mensaje de l reconciliación, y recorrer los pasos del maestro, viviendo una existencia lo más parecida a Cristo.

LIBRES DE LA CEGUERA

Cuando sabemos que al aceptar a Cristo como Señor y Salvador recibimos su presencia viviendo diariamente dentro de nuestros corazones; desciende sobre el hijo de Dios un anhelo de ser libres de la esclavitud del pecado. Nuestras oraciones se convierten en un océano de lágrimas, constricción y agradecimiento. Las escamas caen de nuestros ojos, o como lo expresa el apóstol Pablo en 2 Corintios 4:4:

En los cuales el dios de este siglo _____ el entendimiento de los incrédulos para que no les _____ la luz del evangelio de la gloria de Cristo, el cual es la imagen de Dios.

Saulo de Tarso, que posterior a su conversión se le conoce como el "Apóstol Pablo", escribe el anterior texto con autoridad, ya que en su antigua vida fue un instrumento del enemigo para cegar la vida de muchos creyentes que se convirtieron en mártires de la fe. La ceguera de Saulo era tan grande, que al apedrear a hombres como Esteban; y perseguir a la iglesia de Dios pensaba que honraba el nombre de Dios. Hechos 8: 3 expresa:

Y Saulo _____ a la _____, y entrando casa por casa, _____ a hombres y a mujeres, y los entregaba en la cárcel.

Dios ha dejado muchos precedentes a la humanidad de su poder para transformar al hombre pecador. Por más cruel y despiadado que este parezca, para nuestro Abba, no hay nada imposible. Es así, como deja para la posteridad un testimonio asombroso de una vida tocada por el amor de Dios:

Y cayendo en tierra, _____ una voz que le decía: Saulo, Saulo, ¿Por qué me persigues? Hechos 9: 4.

Dios tenía planes con un asesino que perseguía a sus escogidos; Así tiene planes con el lector cuyos ojos recorren las líneas de este texto; y cuyas oraciones han subido a lo más íntimo del corazón del Padre para: transformar a ese hijo perdido, a ese esposo, que ha dado la espalda al hogar o tu vida que deambula en el desierto de la frustración y la soledad.

El encuentro de Saulo con Jesús no requirió de intermediarios, El Salvador se le manifestó directamente:

Él dijo: ¿Quién eres Señor? Yo soy Jesús, a quien tu _____; dura cosa es dar coces contra el agujón". Hechos 9: 4-5.

Posteriormente, para la edificación y liberación de Saulo Dios le plació utilizar a un discípulo llamado Ananías:

Había entonces en Damasco un discípulo llamado Ananías, a quien El Señor dijo en visión; Ananías, y él respondió: _____ aquí, Señor. Y el Señor le dijo: _____ y ve a la calle que se llama derecha, y _____ en casa de Judas a uno llamado Saulo, de Tarso porque aquí él _____ Hechos 9: 10-11.

Una vez Saulo fue tocado por el poder de Dios inicia una vida de oración; por consiguiente, una de sus primeras experiencias que resulta de su clamor, es su propia liberación:

...Hermano Saulo, el Señor Jesús, que se te apareció en el camino por donde venías me ha _____ para que _____ la vista y seas lleno del _____ Santo. Y al momento cayeron de sus ojos como _____, y recibió al instante la _____; y levantándose, fue _____". Hecho 9: 17.

Una vez que un discípulo de Cristo inicia una vida de amor y oración con e Abba, podrá recibir una nueva visión y una perspectiva divina de la vida. La óptica con que contempla las circunstancia y crisis estará desprovista de la ceguera de

16

hombre caído: desesperanza, pesimismo, angustia, abatimiento etc. Ahora, todo le ayuda a bien.

LA ORACIÓN Y LA OBEDIENCIA

Las primeras oraciones de Pablo producen los frutos de la obediencia; por tanto, cuando un discípulo clama con sinceridad, entonces, el Espíritu Santo se derrama en frutos que adornan el carácter de la nueva criatura. El nuevo discípulo se dejó imponer manos de Ananías porque Dios lo había instruido; como está escrito en Hechos 9:12, que no tuviese miedo del que había sido perseguidor de su pueblo. Una vez más, la oración para todo. Ananías acataba las órdenes del Señor y Pablo iniciaba su discipulado dejándose guiar por su mentor; acto seguido, se bautizó. Podemos ver en múltiples creyentes, que siendo el bautizo el primer paso de obediencia en la nueva vida en Cristo, se convierte para muchos, en el último. La obediencia es un buen termómetro a una vida de oración eficaz, en tanto que la excusa y la autojustificación son señales de una oración guiada por el ego. El hombre dominado por el "ego" esta sediento de manifestación del poder de Dios; pero evidencia la ausencia del proceso de muerte al yo. El mismo Pablo lo corrobora en Gálatas 2:20:

Con Cristo estoy juntamente _____, y ya no vivo _____, más vive Cristo en mí; y lo que ahora vivo en la carne, lo vivo en la fe del hijo de Dios, el cual me amó y se _____a si mismo por mí.

Obedecer demanda entrar en un proceso de muerte al yo, es en la oración donde aprendemos a ser conformados a la voluntad de Dios.

LA ORACIÓN COMO EXPRESIÓN DE AMOR A NUESTRO CREADOR.

Nuestra vida de oración debe constituirse en un derroche de amor hacia nuestro amado, Abba. Muchas veces, algunos creyentes experimentan en sus vidas de oración una ausencia de deleite, se fastidian y se duermen con facilidad cuando dialogan con El Padre Eterno, o leen su palabra. En la biblia encontramos inspiración en hombres que amaron a Dios apasionadamente, por ejemplo, en los Salmos encontré inspiración para mi vida de oración, puesto que, el rey David ilumina los pasadizos de nuestra alma con una pirotecnia de amor y canción al dirigirse a Dios:

Como el ciervo brama por las corrientes de las _____, así _____ por ti, oh Dios, el _____ mía. Mi alma tiene _____ de Dios, del Dios _____. Salmo 42: 1-2.

El rey Salomón recibe de su padre David la impronta de pasión por la presencia de Dios; y un celo por todos sus intereses.

Un padre de familia apasionado por Dios, ejerce una influencia saludable en la personalidad de sus hijos, por consiguiente, puede direccionarlos a su destino en Dios. Cuando un hijo no logra copiar una conducta que inspire amor y obediencia hacia el creador, entonces, será inspirado a la indiferencia y orfandad espiritual y, por tanto, al fracaso integral de su vida.

En el libro de los cantares, Salomón, el sabio hijo de David, le llama a Dios "amado" o el "deseado":

Bajo la sombra del _____ me senté, y su fruto fue dulce a mi paladar. Me llevó a la mesa del banquete, y su bandera sobre mí fue _____ Cantares 2: 3-4.

Salomón da testimonio que el fruto de su relación con Dios es amor, dulzura, plenitud, disfrute. Lo anterior se desprende de la pedagogía del matrimonio de
18

cual emana el concepto de intimidad con un Dios que nos anhela:

¿O pensáis que la escritura dice en vano: ¿El Espíritu que él ha hecho _____ en nosotros nos _____ celosamente? Santiago 4:5-9.

La parábola de las diez vírgenes enfatiza en la importancia de que cada creyente este abastecido con el combustible del aceite; refiriéndose a la comunión en oración con el Santo Espíritu:

Entonces el reino de los cielos será semejante a diez vírgenes que, tomando sus _____, salieron a recibir al _____. Cinco de ellas eran prudentes y cinco insensatas. Las insensatas, tomando sus lámparas no tomaron consigo _____; más las _____tomaron aceite en sus _____... Mateo 25:1-4.

Nuestro esposo ha prometido volver, en tanto lo esperamos nuestras lámparas deben estar llenos de combustible, no sea, que, al llegar, nos encuentre desapercibidos.

OBSERVA Y DESCUBRE.

1. Medita en Gálatas 4: 6 y describe como debo acercarme a Dios en oración.
2. De acuerdo a Mateo 25: 1-4 que relación existe entre la oración y la parábola de las diez vírgenes.
3. Cual fue el resultado de la oración en la transformación de Pablo.
4. El rey David dejó en su hijo Salomón una impronta espiritual, ¿cuál fue? Según Cantares 2: 3-4.

   Oración: Señor, hoy te reconozco como mi Padre amoroso y recibo tu perdón. Renunció a toda culpabilidad por mi pasado. Renuncio a dejarme controlar por mi ego y decido que tú me transformes en un creyente consagrado a una vida de oración y dependencia a tu voluntad.

   Acciones prácticas

   •Crea un modelo de oración que te permita interceder por las almas perdidas. Ten en cuenta 2 Corintios 4:4.

   •Escribe un salmo de tu propia inspiración donde plasmes tu amor y adoración a Dios.

Frases acerca de la oración.

- Nuestro Padre Celestial anhela que sus hijos se apasionen por su presencia
- En la oración, nos hacemos "uno" con el Padre Celestial, nuestro Abba.

CAPÍTULO 2 LA ORACIÓN Y LA SALVACIÓN DEL ALMA.

Las bodas son eventos que requieren una vestimenta especial, una de las preocupaciones, tanto de los invitados a una boda, como de los que la protagonizan, siempre será el atuendo. En todas las épocas ha sido así, por eso, es el ejemplo que sigue las escrituras para asegurarse que no debemos olvidar, que algún día, estaremos en "las bodas del cordero". Dios ansía que todos los hombres puedan acceder a este gran banquete en el cielo, pero la única vía de entrada es a través de la decisión de consagrar nuestra vida al gobierno de Cristo. El gobierno de Cristo lo hacemos real, al reconocer su obra sacrificio de muerte en la cruz por nuestros pecados.

¿DE QUÉ FORMA, LA ORACIÓN NOS INTRODUCE EL REINO DE DIOS?

La persona que desea ser salva necesita hacer una oración reconociendo su condición de pecador (Romanos 6:23) y siguiendo los pasos descritos en Romanos 10: 9-10:

Que si _____ con tu boca que Jesús es el Señor, y creyeres en tu corazón que Dios lo levantó de los muertos, serás _____, porque con el corazón se cree para justicia, pero con la boca se confiesa para salvación. (al final del libro encuentras una guía para ser salvo).

Una vez que le pides a Jesús que entre en tu vida como Señor, además, lo confiesas, entonces obtienes el regalo de la vida eterna y la entrada al banquete esperado:

Gocémonos y alegrémonos y démosle gloria; porque han llegado las _____ del cordero, y su _____ se ha preparado. Y a ella se le ha concedido que se vista de lino fino, limpio y resplandeciente; porque el lino fino es las acciones justas de los santos" Apocalipsis 19: 7-8.

Es posible, que aún no tengamos el vestido listo, pero a través de una vida de formación y oración constante, Dios muda nuestras vestiduras manchadas por el pecado en túnicas óptimas para la boda. La iglesia de Dios se prepara para un magno evento donde Jesús como "esposo" vendrá por la iglesia y celebrará con ella las "bodas del cordero":

Y el ángel me dijo: escribe: bienaventurados con los que son _____ a la _____ de las bodas del Cordero". Apocalipsis 19: 9-10.

Jesús relata a través de una parábola, la historia de un banquete de bodas donde se detecta, la presencia de un hombre que fue expulsado por no tener el vestido adecuado:

Y entró el _____ para ver los convidados, y vio allí a un hombre que no estaba _____ de boda. Mateo 22: 11.

Amado lector, ¿crees que, si ese evento fuese hoy, tú, podrías participar a ese banquete? Apresúrate a cambiar tu vestido y a abastecer tu lámpara de aceite; no sea que te pregunten: ¿amigo cómo entraste aquí, sin estar _____ de boda? Mas él _____. Mateo 22: 12.

El vestido en todas estas enseñanzas es un símbolo de la santidad y la preparación minuciosa de un creyente para el día del encuentro con Dios. En Efesios 5:25-27 una vez más queda clara la analogía:

Maridos _____ a vuestras mujeres, así como _____ amó a la _____, y se entregó a si mismo por ella...a fin de presentársela una iglesia gloriosa, que no tuviese _____ ni arruga ni cosa semejante.

LA ORACIÓN A NUESTRO ABBA ES AMISTAD.

La oración hace posible convertirnos en amigos de Dios, y que él sea nuestro mejor amigo. La amistad con Dios es una garantía de poder gozar de su amor y unidad. Las malas experiencias con nuestros amigos terrenales, han generado en ocasiones, desconfianza, sin embargo, la amistad con El creador nos devuelve seguridad. La naturaleza divina y lo atributos del Padre nos garantizan que nunca nos va a fallar y que podemos confiar plenamente en todas las promesas que ha dejado plasmadas en las escrituras para bienestar de su pueblo.

El Señor es bueno, nos restaura integralmente, y en su trato diario nos capacita, a su vez, para amar al prójimo, pasando por alto sus errores, así como él lo hace, al brindarnos múltiples oportunidades para arrepentirnos. El manantial de luz que emana de una vida de oración se ve reflejada en la manera como nos percibimos, como nos relacionamos con el otro y nos da revelación respecto a las sagradas escrituras.

La vida devocional integra la palabra de Dios a nuestro altar diario, además, nos abastece de luz con respecto a una relación de obediencia que honre al que nos ha dado la vida.

El patriarca Abraham tuvo el privilegio de ser llamado amigo de Dios:

Pero tú, Israel, siervo mío eres; tú, Jacob, a quien yo escogí, descendencia de Abraham mi _____. Isaías 41: 8.

Abraham es conocido como el padre de la fe. Este costumbraba a honrar, invocar Dios y levantar altares que exaltaran la grandeza de un Dios amigo (Genesis 2:7-8). La amistad de Dios con Abraham se evidencia en la fe absoluta del patriarca hacia el creador. La fe del patriarca fue probada, y pasó los estándares de calidad divina; es decir, cuando se le pide sacrificar a su hijo Isaac, Abraham acepta sin titubear (Génesis 22:2). El padre de la fe aprendió a conocer el carácter de Dios en la oración y no en una asignatura teórica. Existe muchos creyentes en la actualidad que dudan mucho, y se desaniman porque no experimentan una vida consistente de amistad con Dios. Hoy más que nunca entra en vigencia la escritura que dice: El justo por la fe vivirá, y si _____ no agrada mi alma". Hebreos 10:38.

Podemos definir el termino oración como: el dialogo entre un creyente con el Padre Celestial; donde el primero posee la certeza absoluta que el segundo le escucha como un gran amigo. Además, Dios está dispuesto a responder con amor y honrar la fe del que le busca. En el diccionario Vila Escuain deja claro que "Dios actúa de forma libre, conforme al consejo de su voluntad"; es decir, sus hijos deben confiar en que nuestro creador no dará siempre lo que pedimos, pero, si responde según el proyecto divino que ha forjado para cada uno de sus hijos.

Los padres de familia pueden comprender un poco mejor lo anterior, especialmente, los que crían niños pequeños, y adolescentes. Los chicos se antojan de muchas cosas que el comercio ofrece, desde golosinas, ropa, juguetes de moda ¿Eres de esos padres que no le niega nada a tus hijos? O te pareces al padre de nuestro Señor Jesucristo ¿Le das solo lo que crees que necesitan?

LA ORACIÓN ES UN MOMENTO ENSEÑABLE

En una ocasión, la madre de los hijos de Zebedeo con sus hijos se postró ante Jesú y le pidió lo siguiente:

Ordena que en tú _____ se sienten estos dos hijos míos, el uno a l derecha, y el otro a la izquierda: Mateo 20: 21.

Esta petición revelaba que esta madre no tenía claridad desde la perspectiva d Cristo sobre la grandeza del reino. De hecho, lo entendería cuando; El Seño aprovechó el error para enseñarle que el reino de Cristo no consistía en posición sino en hacerse servidor de los demás: El que quiera hacerse _____ entre vosotros será vuestro _____ Mateo 20: 26.

El anterior fragmento nos deja claro que existen pedidos que le hacemos a Dios que provienen de nuestra naturaleza caída, preñada de egoísmo y no encajan en los diseños del Espíritu de Dios. Cuando un hijo de Dios no entiende las perspectivas de amor de Dios a través de la disciplina; y sus restricciones, siempre será un creyente: inmaduro, rebelde y débil.

Cuando los padres de familia son complacientes y lapsos; se enfocan solo en satisfacer los caprichos de sus hijos, mas no en fórmalos, ni aprovechan los momentos enseñables. Dios usa la oración como una didáctica para formar su carácter en nosotros: por tanto, El Señor hubiese echado a perder un momento enseñable para estos seguidores; si su respuesta hubiera coincidido con su capricho ¡siéntense en este lugar visible! Estos hombres no entendieron la negativa y en muchas ocasiones murmuraron del Maestro y dijeron: ¡duras es esta palabra! ¿Quién la puede oír? Lo que ellos ignoraban era que, en el futuro ellos debían reemplazar al Mesías en su misión, por consiguiente, estaban llamados a ser el reflejo absoluto de su carácter de amor y servicio. Por otro lado, Dios nos enseña que sus tiempos son perfectos, y no siempre coinciden con los nuestros. En ocasiones, a nuestra mente finita, le será difícil entender los procedimientos del Padre, y solo podremos acogerlos por fe y obediencia.

LA PARÁBOLA DE LOS COLORES

Nuestras oraciones siempre encuentran eco en el corazón del Padre Celestial, el cual, nos anima a que pidamos, así lo demuestra Mateo 7: 7-11. Nuestras oraciones siempre son una melodía en el corazón de Dios; y está dispuesto a sorprendernos como afirma Efesios 3: 20:

Y aquel que es _____ para hacer todas las cosas mucho más

_____ de lo que _____ o _____.

Las respuestas de Dios a nuestras peticiones las compararemos a las luces de un semáforo. A veces, Dios envía luz verde a nuestras oraciones, es decir recibimos una respuesta inmediata conforme a nuestro anhelo; lo cual nos hace muy felices y nos estimula a seguir orando.

En los tiempos de Jesús muchos enfermos recibían luz verde cuando clamaban por su sanidad; tal es el caso del centurión en Mateo 8: 5-13. Este hombre se presenta ante Jesús intercediendo por la sanidad de su criado, entonces Jesús le dice:

...Ve y como creíste, ye sea hecho. Y su _____ fue _____ en aquella misma hora.

En otras ocasiones, la luz de Dios parece estar en rojo, esta es una señal de que Dios escucha nuestro pedido, pero no va a concedernos nuestro anhelo. Semejante suceso le aconteció al mismo Hijo de Dios cuando clama en angustia para ser librado de la cruz en Mateo 26: 39. La misión de Dios debía consumarse en la cruz, y si Dios le hubiese concedido ese deseo a su Hijo, la humanidad estaría condenada para siempre. La luz roja puede llegar a ser motivo de tristeza, no obstante, nuestro Abba tiene un proyecto más excelente, aunque en el momento no lo comprendamos del todo. Nuestro Salvador fue exaltado después de su sacrificio expiatorio y su nombre es sobre todo nombre.

La luz amarilla en un semáforo es señal de esperar, es decir, clamamos y la respuesta no llega de inmediato, pero en medio de la expectativa Dios forja más fe, paciencia y prueba nuestra fidelidad. Muchos creyentes se desaniman y se apartan al no recibir respuesta inmediata pero los que logran llegar a la meta de tiempo resultan en creyentes maduros y obedientes. En este contexto, citaremos al mismo Abraham, que, al pedir por un hijo debió esperar un tiempo largo para que se cumpliera la siguiente promesa de Isaías 40:31:

Pero los que _____ a _____ tendrán _____ fuerzas; _____ alas como las _____. ...

Puedo dar testimonio, que las pruebas que he enfrentado en mi vida, me han llevado a la determinación de ser fiel a Dios. Servirle para siempre, pase lo que pase.

A finales del mes de junio del año en curso, mi padre Hermes Pacheco de 88 años de edad, mientras se bañaba se cae estrepitosamente. En ese momento, la ciudad de Barranquilla se encuentra es un estricto toque de queda por la pandemia. Los hospitales se encuentran al tope de ocupación y hacíamos esfuerzos por que los médicos lo trataran en casa, pero nos vimos forzados a internarlo. Yo viajé desde Cartagena para cuidarlo en la clínica un par de días. Luego deciden aislarlo por sospechas de una neumonía relacionada con el Covid 19, entonces mi hermano Hermes decide cuidarlo en ese pabellón. Nos unimos a familia de la fe y rogábamos por su salud. Después de unos días, le dan de alta. Todos estábamos felices y confiados, pero días después recae con un episodio de azúcar y fallece.

El ultimo día que lo vi con vida, lo toqué con ternura, lo entregué a las manos de Dios, y le di gracias al dueño de la vida por haberme prestado un padre como él. Nada había cambiado con Dios, él me seguía amando, aunque esta vez su respuesta no la esperaba y sentía que se desgarraba hasta lo más profundo de mis entrañas.

OBSERVA Y DESCUBRE

1. Analiza los siguientes textos y escribe ¿cómo se ve reflejada la oración en nuestra vida?
   A. Jeremías 33: 3
   B. Lucas 22: 40
2. Según Filipenses 4: 6-8 como incide la oración a favor de la salud.
3. Lee Daniel 2 y en tres párrafos resume como te impacta esta historia.

Oración: Padre Celestial enséñame a no afanarme por nada, y dame la capacidad de orar por todo.

Recomendaciones practicas

•Memoriza Filipenses 4: 6-7

•¿Recuerdas tu comida favorita? ¿Qué experimentas cuando la saboreas? Ahora piensa ¿te deleitas, así en Dios, y su presencia?

Frases acerca de la oración

- Una vida en el lugar secreto, se traduce en una vida fructífera.
- Orar debe ser el deleite de todo hijo de Dios.

CAPÍTULO 3. ¿CUÁLES FUERON LAS ENSEÑANZAS DEL SEÑOR ACERCA DE LA ORACIÓN?

Velad y orad para que no entréis en tentación. Mateo 26: 41.

Aconteció que estaba Jesús orando en su lugar, y cuando terminó, uno de sus discípulos le dijo: Señor, enséñanos a _____, como también Juan enseñó a sus _____. Lucas 11:1.

Muchos creyentes luego de muchos años de asistir a una congregación afirman no saber orar. Asimismo, los discípulos de Jesús experimentaron la urgencia de aprender a comunicarse de forma eficaz con el Todopoderoso, por tanto, Jesús les enseña los secretos de la oración eficaz, que se conocen como la oración del "Padre nuestro". Los 3 primeros elementos de esta oración modelo son peticiones que atañen a los intereses del reino y los tres momentos finales atienden a suplir los intereses del creyente.

Ahora recorreremos las avenidas de lo que será para cada creyente la oración modelo, es decir, no sería para repetirla como tradicionalmente se enseñó, sino, es una estructura, que la mente perfecta del Eterno entrega a sus hijos para que sus plegarías no se tuerzan en sus deseos egoístas, y puedan acogerse a la providencia del Altísimo.

JESÚS DESPERTÓ SED.

Los discípulos al ver a Jesús fluir en una dimensión de comunión profunda con Dios, comprobaron que esta, incidía en sus resultados ministeriales; entonces, fueron movidos a desear aprender los códigos secretos de la relación del Salvador con El Padre Celestial. Asimismo, Jesucristo les enseñaba más con la catedra de su ejemplo que con las palabras. Jesucristo les provocó sed espiritual. Uno de los frutos de una vida de oración eficaz es que inspira a otros a imitarnos.

LA PRIORIDAD ES HONRAR AL PADRE

Los discípulos necesitaban aprender que la entrada triunfal a la presencia del creador era reconocer su grandeza. Ellos aprendieron a honrar a Dios exaltando sus poderosos hechos como deleitándose en los atributos de su persona.

Cuando aprendemos honrar a Dios, igualmente lo haremos con nuestros semejantes. La palabra honra corresponde al vocablo hebreo: kabod, que significa peso o gloria. La honra se gesta en un corazón lleno de amor y agradecimiento al Dios de la vida y no por temor u obligación.

ORAR ES INTERCEDER POR OTROS

Venga tu _____. Mateo 6: 10.

Para nuestra naturaleza caída y egocéntrica no hay mejor lección que despojarse del yo. La experiencia de acercar a otras personas al reino de los cielos, inclusive desconocidas, nos enseña a servir y amar al prójimo sin ninguna pretensión material, tal como, lo aprendemos del mesías. Jesús nos regala una gran motivación al priorizar la búsqueda del reino de Dios y su justicia; para que los anhelos personales puedan fluir como fluyen los valores agregados; o añadiduras y se cumpla lo que expresa Mateo 6:33

Mas buscad _____ el reino de Dios y su _____ todas estas cosas os serán _____.

El segundo elemento del padre nuestro es orar para que el gobierno de Dios se instaure en mi propio corazón y en otros. Es en este fragmento es donde oramos por nuestros amigos, enemigos y familia que no han nacido de nuevo (Juan 3:3) Igualmente, se intercede por los gobernantes para que vivamos quieta y sosegadamente como está escrito:

Exhorto, ante todo, que se hagan _____, peticiones y acciones de gracias, por todos los hombres; por todos los reyes y los que están en _____ para que vivamos quieta y reposadamente.

1 Timoteo 2: 1-4.

ORAR ES HACER LA VOLUNTAD DE DIOS

Mi comida es que haga la _____ del que me _____. Juan 4:34.

Al igual que Jesús, nosotros fuimos enviados a este mundo a obedecer la voluntad del Padre, sin embargo, para muchos, esto parece ser un evento de última hora. Se ha perdido de vista el propósito eterno, y nos inclinamos a orar en pro de nuestros propios proyectos y deleites. Se hace necesario volver a recuperar la visión de Dios para nuestra estadía en esta peregrinación terrenal.

Jesús modeló un estilo de vida, en la cual, orar era su prioridad; por tanto, esta conexión constante le impedía desviarse tras los distractores que encontraba, producto de su fama y el asedio de sus seguidores. ¿Es la oración una prioridad para tu vida?

Habiéndose levantado, muy de _____ todavía de noche, Jesús salió y se fue a un lugar _____ y allí oraba. Marcos 1: 35

LA ORACIÓN ES DEPENDER DE DIOS Y NO DEL HOMBRE

Con su vida de oración nuestro Salvador enseña que cuando se busca el reino de Dios, las demás cosas, se reciben por añadidura, como lo expresa en Mateo 6:33. Las necesidades básicas de nuestro Maestro las obtenía a través de una dependencia inspiradora con El Padre.

Nuestras necesidades son importantes para Dios, y son parte de una oración eficaz, no obstante, la prioridad siempre debe ser buscar el reino y posteriormente, podremos decir:

El _____ nuestro de cada día, dánoslo hoy. Mateo 6: 11.

En la vida práctica, cuando un creyente depende más del hombre que de Dios, va vivir desilusionado y limitado. El ser humano es voluble; y el carácter de algunas personas en estos tiempos está enfocado en sacar provecho o beneficio personal en cada acto de su vida, sin tener en cuenta este consejo bíblico:

...más bienaventurado es _____ que recibir. Hechos 20: 35.

Dios nos ha dado lo más grande; su Hijo Jesucristo. Ante su prueba de sacrificio y amor, nos resta confiar plenamente en su provisión hasta para los detalles más pequeños y aparentemente insignificantes. Nuestro Abba no va a fallarnos:

El que no _____ ni a su propio hijo, sino que lo _____ por todos nosotros, ¿Cómo no nos dará también con él todas las cosas? Romanos 8: 32.

ORAR ES PEDIR PERDÓN Y PERDONAR

La plegaria eficaz debe tener como segmento obligado; pedir perdón por nuestros pecados. El arrepentimiento por nuestros pecados no admite procrastinación. Jesús cierra toda posibilidad al creyente que pueda saltarse estos requisitos; ya que, al recibir el perdón del Padre, estamos obligados a dar perdón.

La oración modelo "El Padre Nuestro" es una oración formativa, por tanto, Jesús logra varios objetivos al enseñarla a sus discípulos: acercarse a Dios como a un padre perfecto; enseña a depender del Padre para cada necesidad de la vida y no les deja a sus seguidores otra opción que el camino del perdón. Cada segmento de la oración maestra de Jesús será profundizado en los próximos capítulos.

ORAR ES ANTICIPARSE A LAS OBRAS DEL MAL.

Todo creyente es un guerrero de Dios, a través de la oración defiende el territorio de su alma y la heredad que Dios le ha dado para administrar en este mundo;

Y no nos metas en tentación, más líbranos del _____ Mateo 6: 13.

Jesús se enfrentó constantemente a las obras del maligno. El maestro sabía que no podía ignorar sus acechanzas; por esto, les enseña a sus seguidores a mantenerse alerta y defenderse de un enemigo que acecha como "león rugiente".

OBSERVA Y DESCUBRE

1. Según Mateo 6: 12 y 14 ¿qué sucede si no cumplimos este requisito?

2. Identifica cuales son los principales obstáculos que nos impide tener un corazón perdonador.

3. ¿Como podemos servir a Dios, por medio de la oración eficaz?

4. Lee salmo 139: 23-24 y resume acerca de la importancia de pedirle a Dios que nos examine diariamente.

Oración: amado Dios concédeme el privilegio practicar una vida de intimidad en el secreto de tu corazón. (ahora debes continuar esta oración).

Acciones prácticas

- Al llegar a este capítulo me gustaría que me compartieras por WhatsApp que parte de la oración modelo te impactó y que acciones particas te llevó a realizar.
- Dile al Señor que te examine y haz una lista de las cosas que tienes que entregar a su gobierno absoluto.

Frase acerca de la oración:

- La oración modelo de Jesús revela nuestro carácter, nos enseña a pedir a Dios con eficacia, y desear someternos a su voluntad.
- Nuestra incapacidad para perdonar puede llegar a ser el impedimento para recibir las bendiciones de Dios.

CAPÍTULO 4. EL SECRETO DE DIOS

Mas tú, cuando ores, entra en tu _____, y cerrada la puerta, ora a tu Padre que ve en lo secreto; y tu padre que ve en lo secreto te recompensará en público. Mateo 6: 6.

En febrero del año 2012, enfermé de gravedad, por lo cual enfrenté un proceso largo y doloroso. Estuve hospitalizada por espacio de 9 meses en mi ciudad natal, Barranquilla. Posteriormente, regresé a Cartagena de Indias, la ciudad donde vivo y sirvo a Dios. Mi esposo y yo pastoreamos la comunidad: Iglesia Cristiana Integral Shalom, por tanto, en ese lapso de tiempo dejamos encargados a un equipo de líderes, que además de preocuparse por sacar adelante la congregación oraban constantemente por mi sanidad. Esta prueba transformó mi vida en el lugar secreto para siempre.

La oración en este tiempo revolucionó mi vida en el lugar secreto porque aprendí a ver y confiar en Dios en un nivel distinto; como mi Abba, mi amigo y gran amor. La experiencia de perder la salud, aunque intensa, ahora me hace disfrutar cada detalle de la vida con plenitud y agradecimiento, puesto que vivo confiada en los brazos de mí creador. Por otro lado, el amor del Padre se extiende a través de nuestros amigos, familia de la fe y de sangre. Siempre hago memoria de mi amiga Sara Beltrán quien me llevo a vivir a su casa por seis meses y me atendió como a una hija. Hoy recuerdo con gran agradecimiento a los pastores que se reunieron a clamar en ayuno por mi salud; y a mis hijos espirituales que viajaron desde Cartagena a visitarme y con ternura me llevaban presentes. Ver y recibir el amor de Dios a través de las visitas, llamadas telefónicas, provisión de todo tipo, palabras de ánimo y rogativas a mi favor estimularon mi deseo de seguir viviendo y seguir sirviendo al reino del cielo. Este mismo ciclo de favor que recibí he prometido repetirlo a favor de cualquier necesitado, y en la medida de mis posibilidades y conforme a la guía de su Santo Espíritu.

Los primeros días de mi retorno, exploré con expectación los lugares que siempre disfrutaba de la ciudad Heroica, como se conoce a Cartagena. Paseaba por la avenida Santander en un acto contemplativo, ya que dicha vía es paralela al mar y el paso obligado de propios y extraños. El mar pavoneaba su oleaje con furia, pero eclipsando a todos sus observadores. El deleite en redescubrir estos sitios trajinados en mi rutina diaria antes de la gravedad de salud, ahora, me hacían recrear, tal como si fuera la primera vez. Cada detalle de esas primeras salidas me parecía un espectáculo; hasta cuando pasábamos de la zona turísticos o los barrios marginales y ver los niños, casi desnudos, mocosos y con el pie pelado me parecía maravilloso. Era como un renacer, y lo que antes era cotidiano ahora me resultaba una sensación de abundancia y privilegio que me acompaña hasta el día de hoy.

La tragedia que había vivido y a la cual había sobrevivido me enseñó que la vida abundante va más allá de adquirir cosas; es una sensación de felicidad, armonía e intimidad con el Creador y en todo lo creado. Es reencontrar el paraíso perdido, y ahora recuperado, a través del amor profundo del Mesías Jesucristo y su presencia. Cada momento del día me encontraba dando gracias hasta por las cosas obvias y cotidianas; los instantes se volvieron momentos secretos de intimidad y gratitud con el que había preservado mi vida.

El lugar secreto es redescubrir la presencia de Dios en cada cosa y donde cada lugar puede convertirse es nuestro aposento donde darle su valor; y hacer de cada espacio, óptimo para interactuar con el dueño de la vida.

Una bolsa me colgaba de mi abdomen, era una colostomía que debía llevar por un año más. El médico que me intervino había perforado el colon, de modo que el proceso que me faltaba no era fácil; sin embargo, ahora había alcanzado una dimensión distinta, las escamas habían caído de mis ojos y elegí, que las circunstancias no me hiciesen sentir miserable, estaba en victoria, pasara lo que pasara y para siempre.

En las escrituras encontramos hombres como el rey David; que sin duda tenía una revelación exacta del valor del lugar secreto con Dios. Las frases del Salmo 03, por ejemplo, brotan de las entrañas de un hombre sobreviviente a muchas batallas. El dulce cantor de Israel no deseaba olvidar ninguno de los beneficios: "él es quien perdona todas tus iniquidades. El que sana todas tus dolencias. El que rescata del hoyo tu vida. El que te corona de favores y misericordia. El que sacia de bien tu boca, de modo que te rejuvenezcas como el águila..." El rey parece no escatimar en agradecimiento hasta por el más mínimo rayo de sol o cosquilleo de la brisa que enredaba su cabello.

Estas palabras inspiradas por Dios al rey David; es una especie de testimonio poético por las múltiples maravillas de Dios en su vida. Sinnúmero de esos beneficios los recibimos a diario, pero al acostumbrarnos tanto a los borbotones de misericordia de nuestro Padre celestial nos parecen algo normal; o que somos merecedores del aire que Dios nos da. Igualmente, de forma consiente, o inconsciente estamos convencidos que nuestro Padre está obligado a satisfacer nuestras necesidades y caprichos. Por tanto, no esperes pasar por una experiencia caótica para poder disfrutar la revelación de la vida abundante que el Padre celestial nos ofrece con su amor y presencia en nosotros.

En la vida espiritual de Jesús se logra discernir, por un lado, una búsqueda incesante de la presencia del Padre celestial, y por otro, una dependencia absoluta de su voluntad, hasta el punto de afirmar que: "yo y el padre uno somos" Mateo 10:30. Ese es el nivel que Dios anhela que alcancemos si logramos hacer de nuestra vida de oración un encuentro de amor y contemplación diaria, hemos entrado en el secreto del lugar secreto.

Los afanes de la vida diaria han restado mucha intimidad y entrada en este secreto maravilloso de su presencia; sin embargo, nunca debemos olvidar que el poder del cristiano está en la oración.

En el lugar secreto no solo hablas con Dios, sino que allí él te enseña a guardar silencio y escuchar su voz.

Dios anhela que entremos diariamente en su secreto y desde esta quietud amarnos instruirnos y que disfrutemos de su compañía.

¿POR QUÉ LA SOLEDAD?

El ingrediente que propicia una creciente vida devocional en un discípulo es la soledad. El tiempo

presente provee innumerables distractores en el camino de fe de los hijos de Dios, debido a ello, encontramos muchos creyentes con una vida de oración en ruina, es decir, desprovista de gozo, un creyente circunstancial y almático. Existen personas que les aterra la idea de la soledad, sin embargo, es un terreno fértil y necesario para fundirnos con Dios en un solo.

El fruto del Espíritu Santo en el carácter del cristiano, es la impronta indefectible que crece como consecuencia de una búsqueda sincera y constante de Dios.

Jesús buscó lugares solitarios donde pudiese levantar su altar de oración; allí derramaba lágrimas y suplicaba para que los hombres pudieran conocer a Dios y los discípulos llegaran a crecer espiritualmente.

¿EN QUÉ CONSISTE LA FIGURA DEL INCIENSO?

La oración eficaz requiere de una revelación por parte del creyente respecto al concepto del templo según el Antiguo Testamento y todos sus elementos proféticos. El reconocimiento de las pedagogías usadas por El Señor en las escrituras, ejemplifica lo que sería su relación con sus hijos después de la muerte de Cristo en la cruz, y la instauración de la dispensación de la gracia. En esta, Dios nos hace partícipes de la salvación gratuitamente, y no por obras, sin embargo, los rituales antiguos que encontramos en el antiguo pacto, ejemplifican ahora verdades que cobran vida en la práctica y no es un acto tradicional o religioso.

Una de las formas como Dios simboliza el concepto de oración, fue a través de los servicios que se instauraron como parte de la liturgia en los cultos antiguos del pueblo hebreo, y sobre la cual Dios afirma que toda esta organización era una sombra de lo verdadero.

Pero la ley, teniendo la _____ de los bienes venideros, no la imagen misma de las cosas, nunca puede, por los mismos sacrificios que se

37

ofrecen continuamente cada año, hacer _____ a los que se _____. Hebreos 10: 1.

El mismo templo de Jerusalén está dividido en tres partes: Atrio, lugar santo y lugar santísimo. Este último, es esa esfera íntima, al cual solo tenían acceso los sumos sacerdotes, una vez al año, pero en este tiempo, es de fácil entrada con solo invocar el nombre del Señor, por medio de la preciosa sangre de un cordero precioso y sin mancha llamado; Jesucristo.

Una de las revelaciones de la oración que sube al trono de Dios como una fragancia agradable, se esconde en el símbolo del incienso que los sacerdotes antiguos quemaban en ese lugar íntimo:

Suba mi _____ delante de ti como y el _____, el don de mis manos como la ofrenda de la tarde. Salmo 141.2.

El incienso difunde un olor balsámico que al ser quemado dibuja una especie de columna ascendente; esta impregna la atmosfera y tipifica nuestras plegarías, que se elevan ante el trono del Omnipotente. En el altar de los sacrificios antiguos los hombres erigían altares y en ellos quemaban dos elementos significativos: el incienso y la ofrenda. En la actualidad nuestras oraciones necesitan el combustible que permitirá que nuestras oraciones sean escuchadas:

y de igual manera _____ _____ nos ayuda en nuestra debilidad pues que hemos de pedir como conviene, no sabemos, pero el Espíritu mismo _____ por nosotros con gemidos indecibles". Romanos 8:26.

Los sacerdotes eran los encargados de interceder a favor de los pecados del pueblo sin embargo, el día que Cristo expira en la cruz, la cortina que impedía el acercamiento del creyente a Dios desaparece ¿Como desea Dios que nos acerquemos en este tiempo a su presencia?

Hebreo 4: 16 acerquémonos _____ al trono de la gracia, par alcanzar _____ y hallar _____ para el oportuno _____.

Cristo como gran sumo sacerdote, y los creyentes cobijados bajo la organización divine de la iglesia se convertirían en reyes y sacerdotes en una nueva dispensación llamada "gracia". Ahora todos los que somos parte del cuerpo de Cristo, la iglesia, estamos llamados a ser reyes y sacerdotes.

Apocalipsis 1: 6 y nos hizo _____ y _____para Dios, su Padre, a él sea la gloria e imperio por los siglos de los siglos. Amen.

¿QUÉ PAPEL JUEGAN LOS ÁNGELES EN EL LUGAR SECRETO?

El tiempo que apartamos en oración se convierte en una inversión de dimensiones inimaginables, puesto que, nuestro clamor trasciende el ámbito natural y provoca movimiento en lo eterno:

Y cuando tomando el libro, los cuatro seres vivientes y los veinticuatro ancianos se _____delante del Cordero, todos tenían arpas, y copas de oro llenas de _____ que son las _____de los santos. La oración eficaz llena las llena las copas del cielo. Apocalipsis 5:8.

Las escrituras enseñan en Hebreos 1: 14 que los ángeles son espíritus que le sirven a los que han de ser herederos de la salvación:

de la mano de ángel subió a la presencia de Dios el humo del _____ para añadirlo a las _____de todos los santos. Apocalipsis 8:4.

Los ángeles trabajan con solicitud para agilizar nuestras oraciones al cielo y volver con los preceptos de Dios como está escrito el Salmo 103:20.

OBSERVA Y DESCUBRE

1. ¿Cuál es el objetivo de convertir a cada creyente en linaje real y sacerdocio santo de acuerdo a 1 Pedro 2: 9?

2. Lee el Salmo 103:20 en varias versiones de la biblia y describe la actividad angelical que se genera producto de nuestra oración.

ORACIÓN: Escribe una oración de tres párrafos o más donde ruegues a Dios por buscarlo cada día de tu vida en su secreto.

Recomendaciones prácticas.

- Ahora que sabes que tienes un llamado sacerdotal, elabora un horario de oración, donde incluyas a: tu familia, amigos, conocidos, país y ciudad donde vives, problemáticas mundiales etc.

- Escoge un horario para encontrarte con Dios diariamente. Este será tu tiempo devocional cada día. Escribe en un cuaderno lo que Dios te habló en un altar familiar. Algunos miembros de congregaciones solo oran o leen la biblia. Este tiempo consta de lectura, estudio y oración. Se debe consignar la actividad con fecha.

Frases acerca de la oración

- Una vida en el lugar secreto, se traduce en una vida plena.
- Una vida diaria de intimidad con Dios te llena de la presencia del Espíritu Santo

---

CAPÍTULO 5. CORTO CIRCUITO EN LA ORACIÓN

La cirugía es inminente, afirmaba esa mañana de mayo del 2012 el hematólogo que controlaba el proceso de coágulos que obstruían las arterias principales de mi pierna derecha. El galeno proseguía con su diagnóstico, su rostro severo y su tono de voz firme llevaba implícito una decisión urgente; yo y nadie más que yo, debía tomar esa decisión.

—¡Si te operas, te puedes morir, y si no también! —replicó el doctor

—¡Entonces me opero doctor! —repuse con valentía de labios, pero, con lágrimas que recorrían mis entrañas.

Un mioma gigante había oprimido la circulación de la sangre, que había desencadenado en un Trombosis venosa profunda. El doctor ordenó todos los exámenes, la orden de hospitalización y demás trámites para proseguir con la intervención quirúrgica en un lapso de tres días. El peligro era inminente, estaba anticoagulada, esto implicaba un posible desangre. Por otra parte, el mioma tenía varios órganos comprometidos. Este diagnóstico, lo sabía desde hacía varios años; pero el temor ante otra intervención llenó mi mente de argumentos evasivos, y dejé que el tiempo pasara.

Las dudas y el temor paralizan nuestra fe. Muchas veces, en nuestras oraciones intentamos manipular a Dios para que nuestras peticiones sean respondidas a nuestra manera. En esta ocasión, El Dios soberano permitió que una amiga y hermana en la fe me visitara esta tarde de mayo, y me confrontara: "pastora Rosmary, tu fe está en cero".

CUANDO NUESTRA FE ESTÁ EN CERO

Cuando nuestra fe está en cero, significa que, en nuestro interior hay dudas cerca de Dios, temores y afán; Dios no puede manifestarse como lo advierte en Hebreos 11:6 y se produce un corto circuito en la oración. Los temores desestabilizan el sistema nervioso central, así que producen depresión, estancamiento en eventos pasados y episodios de ansiedad.

Cuando existe interferencia a nuestra oración el creyente se desanima y desmaya en su hábito de orar. Por ese motivo, Jesús enseña que un hijo de Dios nunca debe desmayar, más por el contrario debe clamar sin cesar. El clamor no es esporádico o por alguna necesidad súbita, más por el contrario, es un estilo de vida y una decisión, aunque no nos acompañe el deseo. En ocasiones, el creyente padece incontables padecimientos para obtener lo que desea, esto, nunca debe llevarle a pensar que Dios no le ama. La persona que se llena de argumentos, evadiendo escudriñar su interior, sin descubrir el verdadero origen de este corto circuito en la comunicación con nuestro Padre Eterno; se priva de gozar de su plenitud. Recordemos lo que afirma Mateo 7: 7-8:

Pedid y se os dará; buscad, y hallaréis; llamada y se os abrirá. Porque todo aque que _____, recibe; y el que _____, halla; y al que llama se le abrirá.

LA ORACIÓN Y LA DESOBEDIENCIA

La falta de obediencia a los preceptos de Dios abre una brecha en la comunicación con nuestro Dios y Padre:

Pero vuestras _____ han hecho _____ entre vosotros _____ Dios. Isaías 59: 2.

Lo más triste que puede experimentar un hijo de Dios es que su clamor quede vagando en el aire y no encuentre eco en el corazón del Creador. El salmista afirma, que pecar en contra de nuestro Dios es tan grave que trae consecuencias funestas con respecto a nuestras oraciones:

Si en mi corazón hubiese yo mirado a la _____, El Señor no me habría _____. Salmo 66: 18.

PEDIR CON MOTIVACIONES ERRADAS.

Las quejas más frecuentes de Dios al referirse a su pueblo es que lo buscan para pedirle de forma egoísta. Las oraciones de un hijo de Dios deben encajar con los propósitos que este ha diseñado para cada creyente y por lo cual fue traído a este mundo. La palabra de Dios afirma en Santiago 4:3:

Pedís, y no recibís, porque _____mal, para gastar en vuestros_____. No obstante, como todo buen Padre en muchas ocasiones recibimos anhelos muy íntimos como está escrito en Salmo 37: 4: _____ asimismo en _____ y él te _____ las _____ de tu _____.

LA ORACIÓN Y LA FE.

La duda siempre será una barrera a la hora de recibir de Dios. Algunas personas, que se acercaron a Jesús lograron impactar su corazón por su fe. En diversas ocasiones, estas personas no eran parte de su pueblo como la mujer sirofenicia:

Entonces respondiendo Jesús, dijo: oh mujer, _____ es tu fe; hágase contigo como quieres. Y su hija fue _____ en aquella misma hora. Mateo 15: 28.

La duda ofende a Dios y estorba su mano para operar conforme a su deseo. Los discípulos enfrentaban el síndrome de la incredulidad. Por consiguiente, Jesús los reprendió con dureza, y les recomendaba que acompañaran sus oraciones de la práctica del ayuno y fueran libres de la fuerza espiritual que bloqueaba su fe:

Pero este _____ no sale sino con _____ y _____ Mateo 17: 21.

Una señal prominente de una crisis de fe, se da cuando después de orar, no creemos que vamos a recibir, entonces, corremos en busca de una palabra de hombre que exprese lo que deseamos escuchar. Esta complacencia la aprovechan los espíritu engañadores para desviarnos en el error y la idolatría. El libro del apóstol Santiago enseña en Santiago 1: 6:

Pero pida con _____, no _____ nada; porque e que _____ es _____ a las ondas del mar, que e _____ por el viento y echada de una parte a otra.

LA ORACIÓN ABOMINABLE

Nuestra vida de oración debe ser acompañada de un exhaustivo estudio bíblico por tanto, la comunión con el creador deja de ser un monologo para ser un dialogo. El Padre nos habla a través de las escrituras y nosotros le hablamos a e por medio de la oración.

Nuestros oídos deben afinarse para escuchar con atención las recomendaciones divinas como nos advierte Deuteronomio 28:1:

Acontecerá que si _____ atentamente la voz de Jehová tu Dios para _____ y poner por obra todos sus _____ que yo te _____ hoy, también Jehová tu Dios te _____ sobre todas las _____ de la tierra.

Ahora bien, cuando nuestros oídos se cierran a la voz de nuestro Dios, entonces nuestra oración es abominable:

El que _____ su _____ para no _____ la ley, su oración también es _____. Proverbio 28:9. Nuestra falta de sensibilidad ante la necesidad de alguien que nos solicita ayuda puede generar corto circuito a

nuestra plegaria. En definitiva, el rey del universo, nunca ha avalado proyectos individualistas o de provecho a una minoría egoísta. La visión de Dios es preservar familias y naciones; su visión es incluyente y expansiva.

LA ORACIÓN Y EL MATRIMONIO

Las escrituras amonestan a los hombres a tratar a sus esposas como vasos frágiles; por tanto, uno de los cortos circuitos en la oración de la familia es cuando no se valora y se maltrata a la pareja, en este caso, se enfatiza en el buen trato a la mujer. 1 Pedro 3:7 lo expresa:

Vosotros _____, igualmente, vivid con ellas sabiamente, dando honor a la mujer como a vaso más frágil, y como a coherederas de la _____ de la vida, para que vuestras _____ no tengan estorbo.

Uno de los antídotos para mantener a una familia conectada al corazón de Dios es por medio del altar familiar. El altar familiar es un tiempo, donde los padres o tutores convocan a cada miembro del hogar en torno a Dios en oración, estudio bíblico y dialogo. De esta manera se cumple el poder del acuerdo según Mateo 8: 19-21.

Los padres de familias judíos acostumbraban a ser los guías espirituales de su familia, por tanto, enseñaban las escrituras, socializaban sus cargas para posteriormente compartirlas con Dios en oración durante el altar familiar. Sumado a eso, se pedían perdón mutuamente en este altar familiar.

La industria de los video juegos está entrenando la mente de los niños a los asesinatos, ocultismo y toda forma de violencia. Las historias más vendidas en las plataformas virtuales están relacionadas con invocaciones demoniacas, magias y maldiciones. Lo anterior revela desconocimiento total de la palabra de Dios por parte de las figuras de autoridad en la casa, inclusive los que asisten a las iglesias.

Las familias de la tierra serian plenamente felices sin tan siquiera practicáramos lo que dice Deuteronomio 6:6:

Y estas palabras que yo te mando hoy, estarán sobre tu corazón; y las _____ a tus _____, y hablaras con ellas estando en tu _____, y andando por el camino, y al acostarte, y cuando te levantes.

OBSERVA Y DESCUBRE

1. Lee Mateo 6: 14-15 y comparte 3 razones por las cuales la falta de perdón bloquea mi oración.
2. Lee Lucas 18: 9-14 e identifica las razones de Dios para no escuchar la oración que hizo el fariseo.
3. Llena los espacios según Mateo 18: 19-20: Otra vez os digo, que si _____ de vosotros se pusieren de_____ en la _____ acerca de _____ _____ que pidieren, le será hecho por mi padre que está en los cielos. Porque donde están _____ o _____ congregados en mi nombre, allí esto _____ en medio de _____.
4. En Lucas 18:1 Jesús nos da un secreto para tener éxito en nuestras oraciones. ¿Cuál es?

ORACIÓN. Dios, examina mi vida, que tu Santo Espíritu me revele los obstáculos que puedan llegar a interferir mis plegarias. Señor, dame un corazón perdonador, líbrame de los pecados ocultos y guíame a dar media vuelta en pro de la obediencia a tus estatutos.

Acciones prácticas

- Pide a Dios en oración que te examine y te muestre que obstáculos puede haber a tu clamor. Toma acciones para derribar estos obstáculos.

Frases acerca de la oración

- La oración eficaz va acompañada de una vida de sinceridad y obediencia.
- El Espíritu Santo nos guía en la oración, siempre y cuando lo permitamos.

CAPITULO. 6. ¿QUÉ ES SANTIFICAR EL NOMBRE DE DIOS?

SANTIFICADO SEA TU NOMBRE MATEO 6: 9

El punto de partida en toda oración efectiva es un llamado a santificar el nombre de Dios. Según el diccionario bíblico ilustrado santificar es: purificar, consagrar, poner aparte para Dios. Por otro lado, tiene que ver con glorificar a Dios y magnificarlo por encima de todo.

Santificamos el nombre de Dios cuando decidimos apartar nuestra vida de la práctica del pecado y seguir los preceptos establecidos a través de las escrituras; asimismo, entregamos el señorío de nuestra vida al Señor Jesucristo aceptando y proclamando su obra redentora en la cruz. Entrar en esta relación de amor con el Padre, a través del hijo Jesucristo; y en la comunión del Espíritu Santo nos lleva diariamente a reconocer su grandeza de distintas maneras; sea, santificándolo por medio de la adoración o en alabanza. El secreto más revelador es que nacimos para que nuestra vida fuera un armonioso poema de amor y alabanza para Dios.

¿CUÁL ES LA IMPORTANCIA DE ADORAR?

La oración de adoración es una expresión en la que nos concentramos en exaltar a Dios por su carácter. El carácter de Dios se manifiesta a través de los atributo de su persona. Un ejemplo de ello está en el libro de 1Crónicas 29:11-13 cuando el rey David santifica a Dios por su grandeza, y lo hace con sus propias palabras:

Bendito seas tú, oh Jehová, Dios de Israel nuestro Padre, desde el siglo y hasta el siglo Tuya es, oh Jehová, la _____ y el _____, la gloria, l victoria y el _____; porque todas las cosas que están en los cielo y en la tierra son tuyas. Tuyo, oh Jehová, es el reino, y tú eres _____ sobre todo...Ahora pues, nosotros alabamos y _____ tu glorios nombre.

48

El rey David no se enfoca en pedir bienes o beneficios particulares; más bien, se centra exclusivamente en magnificar la persona de Dios; su grandeza, poder y lo exalta como dueño de lo creado: "excelso sobre todo".

Jesús nos enseña que lo primero que debemos hacer al orar es amar a Dios por su persona, por tanto, santificarle se hace por medio de la alabanza, la adoración y con nuestras propias palabras como: "Señor tú eres Divino", "reconozco que eres Santo", "tú eres Eterno", "Te exalto Dios Todopoderoso" etc... El creyente no entra a la presencia del Señor pidiendo primero las añadiduras; por tanto, lo único que desea es expresar su admiración y pasión al creador.

¿SE PUEDE EXALTAR A UN DIOS DESCONOCIDO?

Jesucristo dijo en Juan 4: 23 que Dios busca adoradores que adoren en "espíritu y en verdad". El antiguo testamento deja ver en varios pasajes la costumbre de santificar el nombre del Creador, mediante sacrificios; y en respuesta, El Padre se manifestaba y dejaba ver el esplendor de su gloria y respaldo. En Éxodo 29: 41 – 46 Dios instruye a su pueblo en adoración y santificación a través del sacrificio imperfecto de animales como el cordero. Dicha pedagogía anunciaba la provisión de una ofrenda perfecta a través de Cristo. Además, es claro el anhelo de nuestro padre de disfrutar nuestra compañía: "y habitaré entre los hijos de Israel, y seré su Dios".

En la adoración o exaltación a El Eterno, según la biblia, involucra nuestra postura física, ofrendas, canticos entre otros. Se adora a Dios por los que él es, su persona y atributos.

LA SANTIFICACIÓN EN LA BIBLIA

El pueblo judío fue enseñado a magnificar a Dios con júbilo y suprema exaltación por los hechos portentosos a su favor. Personajes como David pensaban que no debía pasar por alto ninguna de sus bondades:

Bendice alma mía, a Jehová, y no olvides _____ de sus

_____ Salmo 103:2.

Otro de los actos divinos por lo que se santifica a Dios es por su carácter misericordioso con respecto a nuestros errores, así lo encontramos en el

Salmo 103: 3, aquí el escrito bíblico afirma:

Él es quien perdona _____ tus _____.

Cuando Dios abrió las aguas del mar Rojo para que su pueblo pasara en seco, y cerró la cortina de las aguas cuando los egipcios intentaron hacer lo mismo, acto seguido, líderes como Moisés y María compusieron oraciones cantadas que motivaron al pueblo a santificar a Dios como la que registra Éxodo 15: 1-21 donde promete cantar a Dios por haberse magnificado, derrotando a los jinetes enemigos y tirarlos al mar. Palabras como: "lo alabaré", lo enalteceré", Jehová es varón de guerra", "magnífico en santidad", "terrible en maravillosas hazañas".

Israel, el pueblo escogido de Dios, enfrentó muchas batallas en la conquista de la tierra prometida y en contra de los enemigos que se levantaban en su contra. Uno de esos momentos memorables fue en los tiempos de Josué, cuando llegan a una ciudad amurallada llamada; Jericó. En esta ocasión, Dios les entrega una estrategia bélica basada en la exaltación a Dios. El libro de Josué describe la táctica divina: los hombres de guerra y los sacerdotes con instrumentos de música rodearían la ciudad, entonces, el ultimo día darían vuelta a Jericó, tocarían las bocinas y gritarían. El resultado de esta hazaña se inmortalizó en las paginas sagradas de la biblia, puesto que, las murallas cayeron como papel y Dios les entrego esta tierra

De acuerdo a 2 Crónicas 5:13 en los tiempos del rey Salomón, Dios se manifiesta de forma asombrosa en medio de un momento, donde todos los presentes se encontraban unánimes, adorando a Dios y dándole gracias: _

Cuando sonaban, pues, las _____, y _____ todos

una, para alabar y dar _____ a_____, diciendo: porque él e

_____, porque su _____ es para _____

entonces la casa se llenó de una _____, la casa de _____

50

Puedo dar testimonio que después de adorar a Dios y deleitarme con su amistad, el afán y las cargas han desaparecido y de manera sombrosa El Señor se ha sorprendido con su manifestación gloriosa.

OBSERVA Y DESCUBRE.

1. En la biblia encontramos la palabra hebrea hishtajava, que aparece en varios pasajes como adoración a Dios; como en Éxodo 4:31:

   Y el pueblo creyó, y oyendo que Jehová había visitado a los hijos de Israel, y que había visto su aflicción, se _____ y

   _____

2. Lee el anterior pasaje e identifica ¿qué actitud de santificación tiene el pueblo con respecto a Dios?

3. Lee Salmo 66: 1-3 y describe:

A. ¿Cómo se da la santificación a Dios y por qué?

B. El salmo 66:8 el Salmista pide algo con respecto a Dios, ¿qué es? Y ¿cómo crees que puede llegar a ser realidad?

C. Según Salmo 66: 13 y 16, 17 el salmista ¿que promete a Dios?

4. Lee el salmo 100 y comparte:

   Las expresiones de alabanza que más te llaman la atención

   Menciona un testimonio de una obra asombrosa de Dios en tu vida.

ORACIÓN: toda la gloria es para ti Señor, santificamos tu nombre y te damos gracias porque anhelas manifestarte a favor de tu pueblo.

Frases acerca de la oración

- Fuimos creados para adorar y alabar a nuestro padre Celestial; por tanto, haciendo esto, santificamos su nombre.

- Dios responde a la adoración del creyente, por lo cual, le brinda su protección, amor y provisión integral.

CAPÍTULO 7. VENGA TU REINO. MATEO 6: 10

La oración de "venga tu reino" es una poderosa intersección para que el gobierno de Dios se instaure en los corazones de todos los hombres; es decir, para que a los incrédulos les resplandezca la luz del evangelio de Cristo y los que ya le conocen puedan dejar que El Espíritu de Verdad guie su vida.

Este clamor debe iniciar con nuestra propia vida, ya que es posible que algunas áreas no las hallamos entregado al gobierno absoluto de nuestro Padre Eterno. Posteriormente, es nuestro deber clamar porque nuestra familia conozca a Cristo y perfeccione su relación con él.

La vida consagrada a Dios es motivo de burla para aquellos que piensan que tienen el dominio de sus propias vidas. A muchos, les parece ridículo vivir para Dios, pero no les parece una locura vivir para sí mismos, o para el sistema del mundo. La realidad es que todos estamos consagrados a algo, ya sea a: lo que nos produce placer, a una profesión, a nuestros propios cuerpos, a un deporte o un vicio etc.

La luz de este mundo está en Cristo y su mensaje de salvación. En Hechos 1:8 se nos enseña que hemos recibido poder del Espíritu Santo para testificar; por tanto, las personas de nuestro entorno; vecinos, compañeros de trabajo, y gente con las que interactuamos deben escuchar el mensaje de vida eterna a través de nuestros labios. Sin embargo, antes de este momento, esos corazones deben ser preparados en oración, de la misma manera que un labrador ara la tierra antes de insertar la semilla en el campo. Finalmente, es vital la oración a favor de nuestros gobernantes, para que Dios levante hombres justos en los gobiernos; se les otorgue sabiduría, dicten leyes que honren a Dios e impartan paz a los pueblos.

La biblia nos afirma que Dios anhela que todos los hombres lleguen al conocimiento de su hijo Jesucristo; y es deber de cada creyente que ya conoce el evangelio de salvación, orar para que todos los hombres puedan llegar a conocerle.

¿COMO LLEVAMOS SALVACIÓN A TRAVÉS DE LA ORACIÓN?

Jesús instauró su reino a través de la proclamación de su palabra, pero, su ministerio estaba saturado de oración para que las mentes fueran alumbradas, porque, como está escrito:

En los cuales el dios de este siglo _____ el entendimiento de los _____, para que no les _____ la luz del _____ de Cristo, el cual es la _____ de Dios. **2 Corintios 4: 4.**

El evangelio restaura la imagen de Dios en el hombre caído, por esto, existe una guerra entre el reino de la luz, y de tinieblas. En esta batalla espiritual, nuestro enemigo trata por todos los medios de destruir al hombre para que no llegue al conocimiento de la verdad, así lo describe nuestro Maestro en Juan 10:10:

El _____ no _____ sino para _____ y _____ y _____; _____ he _____ para que tengan _____, y para que la tengan en _____.

Para instaurar el reinado de Cristo en los corazones debemos saber identificar los tres tipos de hombres que existen.

¿CUÁLES SON LOS TRES TIPOS DE HOMBRES?

El reinado del Mesías Jesucristo se deja ver en la vida de los seres humanos cuando aprendemos a interceder teniendo en cuenta lo que las escrituras enseñan acerca de los diferentes tipos hombres: el hombre natural, el hombre espiritual y e cristiano carnal.

Al hombre natural las cosas de Dios le parecen ridículas, porque, no las entiende Este ser es incrédulo, muchas veces se burla y otras menosprecia a todo servido del reino celestial. En 1 Corintios 2:14 dice:

Pero el hombre natural no percibe las cosas que son del _____ d

_____ porque para él son _____, y no las puede entender, porque se han de discernir _____. Un ejemplo de este tipo de hombre fue el Apóstol Pablo; es decir, antes de su encuentro con El Señor, se dedicaba a perseguir a los cristianos, además, los mataba con crueldad, como hizo con el mártir Esteban (Hechos 7:54-60).

El hombre carnal es un creyente o simpatizante del evangelio, sin embargo, no ha dejado que el reino de Dios se haga real. En este tipo de hombre es gobernado por sus pasiones, intereses y sus decisiones las toma en base a su propio razonamiento. Algunas veces, cuando le conviene, puede que tenga en cuenta algún texto de la biblia, especialmente, si habla de cómo ser bendecido y mejorar su bienestar. El hombre carnal conoce las escrituras y muchos se congregan en las iglesias, pero son inmaduros como afirma 1 Corintios 3: 1:

De manera que yo, hermanos, no pude hablaros como a _____, sino como a _____, como a _____ en _____.

El cristiano carnal se conoce porque es gobernado por sus impulsos, es un cristiano que por lo general trae muchos dolores de cabeza a su familia, su congregación; y es muy peligroso cuando llega a una posición de liderazgo:

Porque aún sois _____; pues habiendo entre vosotros _____, contiendas y _____, ¿No sois carnales, y andáis como _____? 1 Corintios 3:3.

El apóstol Pedro fue por mucho tiempo un cristiano carnal; Jesús lo reprendía con frecuencia, era ligero de lengua, tanto así, que después de asegurar que nunca traicionaría a su Maestro, lo negó 3 veces antes que el gallo cantara (Mateo 26:69-75). Después de la muerte del Señor, Pablo lo confrontó con firmeza por su comportamiento hipócrita y lo denunció públicamente porque lo creyó necesario, puesto que arrastró en su error a Bernabé. (Hechos 2: 11-14). La oración que Dios desea que se haga por este tipo de creyente es para que acepte la corrección; sus caminos sean enderezados y viva conforme a la palabra.

El cristiano espiritual es el tipo de hombre que deja ver de forma clara la imagen de Cristo. Este, es un hombre que se equivoca, pero al ser sensible a la voz del

Espíritu Santo se deja guiar y corregir, Además, tiene entendimiento de los secretos espirituales del reino y está apto para que en sus decisiones Cristo sea el primero. Así se define en Gálatas 2:20:

Con _____ estoy juntamente _____ ya no vivo _____, más vive Cristo en ____.

¿COMO ORAR PARA QUE EL REINO VENGA SOBRE EL HOMBRE NATURAL?

Los apóstoles clamaban con pasión, para que les fuera dadas palabras acertadas para comunicar el mensaje, que habría de alumbrar la mente de las multitudes deseosas de un cambio de vida. Al pedir que el reino venga sobre una persona debemos:

A. Pedir por compasión por las almas perdidas como lo hizo Jesús. Mateo 9:36.

B. Al interceder por la salvación de una persona debemos presentarla a Dios con nombre propio; además, rogar que nos sea entregada para el reino de los cielos y de acuerdo a Mateo 4:17.

El apóstol Pablo compara esta oración con los dolores de parto; es decir, llevar un alma a los pies de cristo es como parir un hijo (Gálatas 4: 19). A través de esta oración he podido ver muchas personas llegar a los pies de Cristo especialmente, a mis padres, hermanos, sobrinos, primos y amigos. En cierta ocasión, le predicaba a mi tía Lilia de Torres en la ciudad de Barranquilla, ella me escuchaba atenta pero muy seria. Las visitas al hogar de mis tíos la hacían con frecuencia porque deseaba que llegaran al conocimiento de la verdad. Después de un tiempo, mi amada tía me dijo con firmeza:

—Mija, si usted va a venir siempre a predicarme para que yo cambie de religión, mejor no venga más.

Mi prima Nurys Esther que estaba presente reforzó con energía las palabras de su madre. La decisión de ausentarme de la casa de mis primos que eran como mis hermanos me entristeció mucho, pero, incluí a toda mi familia en una tarjetita de oración que me dieron en la iglesia para orar por personas que deseáramos se convirtieran en una cruzada que se llamó Plan Andrés. Pasamos muchos meses orando por la salvación de esas personas, y aparentemente no pasó nada; todo parecía indicar que esa tía que era como mi madre nunca llegaría a confesar a Cristo como su salvador.

Al pasar un año de esta cruzada evangelística, me llegan noticias de que mi tía está sufriendo una gran depresión. Esto propició nuevamente mi llegada a orar por la salud de esta mujer. Ella permanecía con la mirada ida, como si el alma se le hubiese ido de viaje. La oración había permitido que Dios propiciara un clima de necesidad espiritual; mi prima, entonces se mostraba muy agradecida de mis visitas a los tíos que permanecían muy solos, mientras ella trabajaba. La anterior circunstancia la aproveche para recomendarle a mi discípula Sara Navarro para que le ayudara con las labores del hogar y la cuidara. Sarita era una amiga que recibió al Señor cuando mi esposo y yo enseñábamos en un estudio bíblico en casa de mis padres, entonces, éramos solteros y sarita vivía al lado, ella fue la primera persona que gané para cristo.

La prima Nurys aceptó gustosa, y Sara fue un instrumento clave en la conversión de mi familia. Ella poco a poco les testificaba del poder de Dios en su vida; por consiguiente, en medio de los quehaceres ella no perdía el tiempo para sembrar la semilla más pequeña del reino; la palabra de Dios.

El tiempo transcurría, y en una ocasión me invitaron a una cruzada evangelística en la iglesia Cuadrangular en la ciudad de Barranquilla-Colombia. El tercer día de campaña decidí irme de mi trabajo directo a la campaña. El lugar estaba atestado de gente desde el primer día, y el evangelista predicaba con unción estremecedora el mensaje de salvación. El llamado al altar era el momento que amaba de las cruzadas; las masas acudían al gran encuentro, muchos con lágrimas en los ojos, mientras, yo divisaba entre la masa de gente una silueta menuda que nunca confundiría, era mi prima hermana, Nurys Torres. La mujercita que con severidad se negaba a escuchar el mensaje, me confesó que Dios se le había revelado en un sueño, Dios se le reveló tan claro como el sol del mediodía. Al día siguiente, llevamos a mi tía, y no solo recibió a cristo, sino fue sana del mal que la aquejaba. Posteriormente, mi primo José acepta el llamado y años más tarde mi prima Lilia Isabel que vive en los Estados Unidos fueron tocados por los torrentes de amor de Dios, estos eran los nombres con que había llenado la tarjetita del Plan Andrés.

A. La oración por salvación se enfoca en clamar por cada persona para que sean alumbrados sus ojos espirituales y les resplandezca la luz del evangelio de la gloria de Cristo, y, sea esculpida la imagen de Dios en esa persona. 2 Corintios 4: 4.

Cuando Dios creó al hombre lo hizo a su imagen y semejanza, desafortunadamente con la caída, la imagen de Dios queda distorsionada, por tanto, al aceptar a Jesucristo como Señor y Salvador, el creyente va restaurando dicha esencia a través de una relación diaria e íntima con el Creador y en obediencia a su palabra.

B. Pide al Espíritu Santo que redarguya a esa persona y la incomode con circunstancias, de tal forma, que se vea impulsada a buscar y entregarse a Dios, conforme a Juan 16: 8. Como vimos en el caso de mis primos Torres, Dios permitió circunstancias que los impulsaron a conocer a ese Dios maravilloso. Una de esas circunstancias se dio cuando a mi primo José Torres lo atracaron y le robaron el taxi de su propiedad. Ese día era domingo, y me disponía a salir hacia mi congregación cuando mi prima Nurys me comunica lo sucedido; además, me pide oración por el vehículo, que se lo habían llevado los atracadores. Yo proseguí directo a la iglesia y estando allí le rogué a Dios que se manifestara a favor de mi familia. Entonces pasado el mediodía, recibo una nueva llamada de mi prima confirmando la intervención divina; los ladrones al intentar cruzar hacia Santa Marta no pudieron, puesto que la barra de cambios se atascó y se vieron forzados a abandonar el auto en el barrio Simón Bolívar. El carro fue recuperado por mi primo que se trasladó al sitio del hallazgo, y para su sorpresa e vehículo se encontraba en perfecto estado y custodiado por un grupo de jóvenes que dieron aviso a las autoridades. No pasó mucho tiempo de este evento cuando mi primo toma la decisión de bautizarse en agua, y se entrega hasta el día de hoy al reino vivo.

¿COMO ORAR POR UN CRISTIANO ESPIRITUAL?

Jesús nos dejó además del Padre Nuestro, otra oración significativa, pero, en esta, él nos ofrece un modelo para llevar a los discípulos a nuevos niveles de crecimiento, además con el objetivo que se mantengan firmes sin fluctuar. Esta oración se encuentra en Juan 17 y en ella nos anima a:

A. Pedir para que los creyentes crezcan en el conocimiento experiencial de Dios a través de las escrituras. Juan 17:3. Existe una triste realidad en las iglesias, y es que los creyentes una vez que tienen ese impacto de salvación, no crecen y pasan los años y sus vidas carecen de frutos, y nunca atraen a nadie a los pies de Cristo.

B. Jesús intercede para que los discípulos sean guardados y puedan llegar al nivel de unidad que él logró con "El Padre Celestial" (Juan 17: 11 y 23). Este secreto también está sustentado en Juan 15: 5 donde Jesús afirma que, si los pámpanos no están pegados a la vid, no puede haber fruto.

C. Jesús oraba para que ningún discípulo se extravíe o vuelva atrás. (Juan 17: 12). Esto incluye a aquellos creyentes carnales que tienden a ser débiles espiritualmente.

D. Clamé por santidad para los discípulos. Las escrituras afirman que estamos llamados a ser un pueblo santo, ya que Dios que nos llamó es santo. La palabra de Dios es la verdad que nos santifica, debe ser nuestro alimento y guía diaria en nuestro peregrinaje (Juan 17: 17). A veces, parece imposible se santo en medio de una sociedad saturada por el pecado, más bien debemos pensar que la santidad es nuestra esencia, puesto que es el ADN de nuestro Abba.

E. Jesús pedía por los discípulos; la oración eficaz por los creyentes incluye la multiplicación y expansión del reino (Juan 17: 20).

F. El amor es la clave del reino, por tanto, fue fundamental en esta oración. Más que nunca necesitamos hoy, ser inundados con el mismo amor con que el padre amó a su Hijo (Juan 17: 26).

OBSERVA Y DESCUBRE.

1. ¿Cuál es el mayor sueño de Dios según 1 Timoteo 2:4?

2. De acuerdo a Juan 17: 3 ¿Cómo llega el reino de Dios a una persona?

3. Otra forma de atraer el gobierno de Dios a la tierra es orando por los gobernantes. Según 1 Timoteo 2: 1-2

4. Unas de las preocupaciones de Jesús era que su reino llegara cada vez más; sumado a eso, era consciente que el trabajo no lo podía hacer solo. Lea Lucas 10:2 y explique la importancia de este clamor que hacía Jesús.

ORACIÓN: Padre celestial venga tu reino a mi corazón; que yo pueda dejarme guiar por tu Espíritu Santo a toda verdad y amor. Igualmente, úsame, para el reino tuyo se instaure en cada miembro de mi familia, amigos y nación.

SUGERENCIAS PRÁCTICAS.

- Mire el periódico de hoy, y observe las necesidades en el gobierno: corrupción, ausencia de valores, inseguridad etc...Elabore una oración que incluya a los gobernantes de nuestro país y ciudad y ore por nuestra nación en base a las noticias.

- Elabora una lista, y anota diez nombres de personas que deseas que pasen de ser hombres naturales a espirituales. Ora por ellos todos los días y aplica los pasos de la sección ¿Cómo pedir que el reino venga sobre por el hombre natural?

Frases acerca de la oración

*El reino de los cielos es el gobierno de Dios que se instaura en las vidas, a través de nuestras oraciones.

*El evangelismo se inicia cuando la iglesia prepara los corazones a través de la oración; así como el labrador ara la tierra antes de sembrar la semilla.

CAPÍTULO 8. HÁGASE TU VOLUNTAD

HÁGASE TU VOLUNTAD, COMO EN EL CIELO, ASÍ TAMBIÉN EN LA TIERRA. MATEO 6: 10

En el tiempo presente, algunos individuos se inclinan en vivir una vida centrada en sí mismo, por tanto; su proyecto de vida lo determina lo que cada uno cree, piensa y desea. El hombre contemporáneo organiza la agenda de su vida sin tener en cuenta a Dios; o lo involucra cuando le conviene. Asimismo, la prioridad de estos, es conseguir bienestar económico, dar riendas sueltas a los placeres y sacar el máximo provecho en todo y en pro de sus propios intereses.

Hay que aclarar, que divertirse sanamente, construir metas y sueños no es pecado. La palabra de Dios nos alienta a "pedid y se os dará" Mateo 7:7.

En 1 Juan 5:14 nos aclara como debe ser esa petición:

Y esta es la _____ que tenemos en él, que si pedimos alguna cosa _____ a su voluntad él nos oye.

Jesús enseña en la oración modelo, que orar para que la voluntad de Dios se haga cada día en nuestra vida debe ser nuestra prioridad.

¿POR QUÉ ES IMPORTANTE HACER LA VOLUNTAD DE DIOS?

La voluntad de Dios procede de un Padre amoroso y bueno, por tanto, su voluntad es agradable y perfecta. Es importante orar pidiendo que la voluntad de Dios se establezca, porque todo lo que existe es vano; los placeres producen satisfacción pasajera; y todo lo que el hombre ha creado para divertir y entretener es superfluo, sin embargo, la escritura dice en 1 Juan 2: 17:

Y el _____, y sus deseos; pero el que hace la voluntad de Dios permanece para _____.

Otra de las razones por las que debemos amar y buscar la voluntad de Dios cada día de nuestras vidas es porque es la ruta segura a la salvación de nuestra alma. En este mundo la mayoría afirma conocer a Dios, pero una de las señales de un verdadero hijo de Dios se encuentra en Mateo 7: 21:

No todo el que me dice: _____, Señor, _____ en el reino de los cielos, sino el que hace la _____ de mi P_____ que está en los _____.

Cuando diariamente oramos para que el reino de Dios se implante en los corazones, y se haga su voluntad estamos cumpliendo uno de los grandes deseos de Dios encontrado en Juan 6:40.

Y esta es la voluntad del Padre, el que me envió: que de todo aquel que ve al hijo, y cree en él, tenga vida _____; y yo le _____ en el día postrero.

¿CÓMO PODEMOS ENCONTRAR LA VOLUNTAD DE DIOS?

La voluntad de Dios es escritural. Dios en su infinito amor la dejó al alcance de todos los hombres y plasmada en la biblia. Dios ha elaborado un proceso para que el ser humano acceda a la revelación de su voluntad y se encuentra en Romanos 12: 1-3: El primer elemento en esta búsqueda es entregarnos totalmente como un sacrificio viviente y evocando los sacrificios de animales, que eran sacrificados, pero en la actualidad es la vida misma del hijo de Dios que se entrega totalmente y muere al yo, como dice Romanos 12:1:

Así que, hermanos, os ruego por las misericordias de Dios, que presentes vuestros cuerpos en _____ vivo, santo, agradable a Dios que es vuestro _____ racional.

En esta búsqueda de agradar a Dios, la segunda dinámica es que, cada día nuestra vida se renueve con el conocimiento de la palabra de Dios. y estos nuevos pensamientos reemplacen los argumentos y costumbres aprendidos del sistema del presente siglo. Romanos 12: 2 nos recomienda no conformar nuestro estilo de vida según los parámetros del sistema del mundo; antes bien, debemos renovar nuestra mente bajo el filtro de las sagradas escrituras.

Cuando el ser humano renueva su mente con los consejos divinos, va a encontrar la autopista segura a la voluntad de Dios. Vivir en la voluntad de Dios trae plenitud, puesto que el hombre fue diseñado para vivir a la manera de su creador, es ahí, donde la voluntad de Dios es agradable y perfecta, además, estamos completos como afirma Colosenses: 2: 9-10:

Porque en él habita _____ toda la _____ de la _____.

¿QUÉ SUCEDE CUANDO HACEMOS VOLUNTAD DE DIOS?

Cuando nos dejamos orientar por el Espíritu Santo en cada decisión de nuestra vida podemos vivir el cielo en la tierra como lo dijo el mismo Mesías. El alma que se compromete a seguir y respetar los diseños del Padre Celestial sufre un engrandecimiento por su honestidad y fidelidad como aparece en 1 Crónicas 29: 12: Las _____ y la _____ proceden de ti, y tu dominas sobre _____; en tu mano esta la fuerza y el _____, y en tu mano el hacer _____ y el _____ poder a _____.

Otra de las cosas que disfrutamos, es el galardón de la obediencia. Para ubicarnos en la voluntad perfecta de Dios se requiere, más, una actitud del corazón que desea someterse a los preceptos, estatutos y parámetros divinos; esta disposición delante los ojos de Dios tiene recompensa.

La obediencia a la palabra de Dios nos permite demostrar nuestro amor a nuestro creador, y por consiguiente, él nos retorna su amor. En Juan 14: 23 dice:

El que me _____, mi palabra _____; y mi Padre lo amará, vendremos a él, y haremos morada con él.

Jesucristo es nuestro gran ejemplo de buscar y obedecer la voluntad de Dios aunque fue doloroso morir en la cruz, trajo la oportunidad al hombre pecador de ser perdonado.

OBSERVA Y DESCUBRE.

1. Explique la voluntad de Dios de acuerdo a:

    A. 1 Tesalonicenses 4: 3.

    B. 1 Pedro 2: 15.

2. Escribe una conclusión sobre lo que Dios te ha enseñado en esta lección

3. Según el Salmo 40: 8 ¿qué aprendes de la voluntad de Dios?

4. Lee Salmo 143: 10 y escribe tu propia plegaria pidiendo hacer su voluntad.

5. Si alguien te pregunta ¿Dónde puede encontrar la voluntad de Dios, que le aconsejarías?

Oración: Señor permíteme amarte obedeciendo de tal forma tu palabra que yo haga tu voluntad.

Frases acerca de la oración

- Ser obediente a la voluntad de Dios, nos garantiza una vida de victoria en Dios.
- Orar en base a las escrituras nos lleva a la ruta segura de hacer su voluntad.

CAPITULO. 9. PROVISIÓN, MATERIALISMO Y SALUD.

EL PAN NUESTRO DE CADA DÍA, DÁNOSLO HOY. MATEO 6:11

En el año 1999, mi esposo y yo, habíamos cumplido un hermoso ciclo como pastores de jóvenes de nuestra iglesia en Barranquilla-Colombia. Este tiempo fue inolvidable, no obstante, fuimos enviados a la ciudad de Bogotá como pastores encargos por un año, y posteriormente; debíamos continuar como pastores en una nueva obra que se había abierto en Cartagena

La iglesia en Bogotá nos acogió con mucho amor, abrimos diferentes puntos de estudios de la palabra de Dios, sin embargo, las distancias en la capital de Colombia son muy grandes, por lo cual vimos la necesidad de pedir al Señor un auto que nos permitiera estar más seguro y guarecernos de las constantes lluvias y granizadas ya que nuestro medio de transporte era una moto. Una vez pusimos en manos de Dios nuestro anhelo, visitamos distintos concesionarios de la ciudad para cotizar el auto. Cada vez que averiguamos y sacábamos cuentas de nuestro presupuesto era humanamente imposible obtener un auto nuevo. Posteriormente, indagamos por los autos usados y seguíamos igual, sin la liquidez suficiente para adquirir nuestro vehículo, pese a ello, seguimos orando y tranquilos en la presencia de Dios.

Pasado un año volvimos a la costa Caribe y tomamos posesión de la misión Shalom en Cartagena de Indias. La moto donde nos desplazábamos comenzó a presentar diversas fallas, mi esposo trataba de prenderla y después de múltiples intentos; él me avisaba que corriera y me subiera con rapidez. Simultáneamente unos vecinos muy burlones le hacían a mi esposo toda clase de bromas y mofas porque muchas veces, una vez me subía, el pequeño vehículo se apagaba. Entonces, intentaba otra estrategia y corría con la moto y la encendía en la marcha hasta que lograba subir sin que se apagara.

Uno de esos días de grandes sorpresas, nos llamó por celular un hermano en la fe, este, era padre de tres jóvenes del grupo que habíamos dejado en nuestra ciudad. La noticia que nos comunicó era increíble, nuestro hermano había sido nombrado en un alto cargo y deseaba ayudar a diversos pastores para que realizaran de forma eficiente su labor. El deseo de este hombre era obsequiarnos un auto nuevo; ya que se había dado cuenta los múltiples trabajos que pasábamos con nuestra moto vieja. Ese día, fuimos al concesionario; y en pocos meses estábamos estrenando un flamante auto modelo del año. El padre celestial no solo había concedido un anhelo casi imposible en nuestras fuerzas, sino que nos daba señal de perseverar en nuestro llamado, puesto que había suplido nuestra necesidad de transporte, más allá de nuestras expectativas.

Uno de los fragmentos de la oración modelo de Jesús: "El padre nuestro" refleja el profundo interés de Dios por satisfacer nuestras necesidades en cada área de nuestro ser. En otras palabras, El Mesías no desea que olvidemos o pasemos por alto pedir por todo lo que representa ese pan diario: alimento, vestido, abrigo etc....

La palabra de Dios nos llena de mucha esperanza al comprobar que nuestro Creador se interesa porque no nos falte nada, y más aún; nos advierte que no nos afanemos por nada, por lo que, El Padre, tiene un cuidado minucioso por todos sus hijos y criaturas.

¿CÓMO PROTEGE DIOS NUESTRA SALUD CUANDO ORAMOS?

La oración es la herramienta que Dios ha diseñado para comunicarnos con él ahora bien, cuando hacemos de la oración nuestra prioridad, esta práctica nos permite disfrutar de una vida llena de paz y confianza en la provisión divina.

Cuando dependemos exclusivamente de la fuente creadora en oración, se cumple la promesa de Filipenses 4: 6-8:

Por _____ estéis _____.

Los índices de estrés que manejan los individuos, hoy en día, son tan grandes, que desencadenan en múltiples enfermedades surgidas a raíz de la presión emocional y física a que sometemos nuestros cuerpos.

Según investigaciones científicas, existe el estrés agudo y el crónico. El primero

68

surge cuando, en medio de nuestra vida cotidiana enfrentamos situaciones pasajeras como: la presión de entregar un trabajo académico o en la parte laboral; al conducir el automóvil y encontrar diversos obstáculos, como un enorme tráfico o un choque cuando ya estamos retrasados a un compromiso crucial. A este grupo se une las tensiones entre parejas por las deudas, celos o decisiones desacertadas etc....

El estrés crónico se evidencia cuando los conflictos se alargan por tiempo indefinido. Tal es el caso de las parejas en crisis interminables que amenazan con la ruptura total de la relación, consecuencia de la infidelidad, la quiebra económica, ausencia de oportunidades laborales para el sustento familiar; al igual que la baja autoestima debido a las presiones del sistema de valores de la sociedad actual, entre otras.

El estrés crónico enciende una alerta permanente y somete a un desgaste a las personas. Este deterioro desencadena en enfermedades como: insomnio, diabetes, obesidad, insuficiencia cardiaca y depresión (que puede llevar hasta el suicidio o desequilibrios como la esquizofrenia).

Estudios revelan que algunas personas con diagnósticos de alguna enfermedad psiquiátrica, que volvían a un hogar en disputa, y después de un tratamiento, sufrían graves recaídas en su condición. Por el contrario, los que estaban lejos de factores estresantes o no expuestos a las presiones de los conflictos evolucionaban en su tratamiento.

Es hermoso saber que tenemos un Padre que no desea que estemos sometidos a una vida llena de sobresaltos y afanes. El Señor nos llama a un encuentro en los manantiales frescos de su presencia, y a una vida de total libertad, si confiamos a Dios nuestras cargas y nos deleitamos en su paz. La paz de Dios no se parece a la aparente calma que te da el sistema del mundo, en palabras del mismo Cristo en Juan 14: 27:

La paz os dejo, mi paz os doy; yo no os la doy como el mundo la da. No se _____ vuestro corazón, ni tenga _____.

La oración llena la mente de paz y del amor de Dios; por consiguiente, el amor echa fuera el temor. La ausencia de temor nos hace más alegres y creativos.   Leyendo en Proverbios 29:25 encontramos:

El _____ del hombre pondrá _____; más el que confía en Jehová será

_____.

Las personas que mantienen una relación de fe y amor con Dios, a través de la oración, son más longevas, y menos propensas a sufrir de ataques cardiacos, problemas respiratorios y de presión arterial. El Salvador de mundo enseña:

No os afanéis por el día de mañana, porque el día de _____ traerá su

_____. Mateo 6: 34.

El Apóstol Pablo, inspirado por el Espíritu Santo, enseña en Filipenses 4: 6 que debemos colocar todos nuestros afanes en la oficina de Dios y el guardará nuestros corazones y mente. La oración te permite desalojar los malos pensamientos:

Y la _____ de Dios, que sobrepasa todo _____

guardará vuestros corazones y vuestros _____ en Cristo

_____ Filipenses 4: 7.

Debemos practicar la dinámica de vaciar todo lo que estorba a nuestra tranquili dad en las manos de Dios:

Echando toda vuestra _____ sobre _____, porque él tiene

cuidado de _____. 1 Pedro 5:7.

Dios nos propone eliminar nuestro estrés mediante un canje, él nos pide llevar su yugo que es liviano y fácil y nosotros le entreguemos nuestra carga pesada:

Llevad mi yugo sobre _____, y _____

de mí, que soy _____ y _____

de : _____ y hallareis _____ para vuestra

_____. Mateo 11: 29

¿Cuál debe ser nuestra actitud frente a los afanes por obtener bienes materiale según Jesucristo?

El afán por obtener bienes y riqueza ha enredado a las personas. La biblia enseña que el amor al dinero es "la raíz de todos los males"; ahora bien, dice que es "el amor" o tratar de enriquecernos a nuestra manera y no buscar la voluntad de Dios. Es pertinente estudiar con detenimiento lo que enseña 1 Timoteo 6: 9:

Los que quieren _____ caen en tentación y lazo, y en muchas _____ necias y _____ que _____ a los hombres en _____ y _____.

¿CÓMO EVITO PREOCUPARME?

La primera actitud que debo tomar ante la preocupación, es decidir no preocuparme; es decir, hacerme consiente que, si me afano, mi sistema nervioso y mi salud puede colapsar y no va a resolver en nada mi problema, más bien va a redundar en aumentarlo. En palabras del Maestro: en Mateo 6: 27:

¿y quién de vosotros podrá, por mucho que se afane, _____ a su estatura un codo?

Otro de los tips del Señor es tomarnos tiempo para observar y contemplar la manera como Dios provee a las criaturas que ha creado. un ejemplo lo ofrece Mateo 6: 28-29:

¿Y por el _____ porque os afanáis? Considerad los lirios del campo, como crecen: no trabajan mi hilan; pero os digo, que ni aun _____ con toda su gloria se vistió, así como uno de ellos.

Contemplar el cuidado que nuestro Padre tiene con su creación va a robustecer nuestra fe; además, un simple análisis lógico nos llevará a la conclusión que, si Dios proporciona a las aves y demás especies creadas todo lo que necesitan para cumplir su propósito, cuanto más a sus hijos por los cuales pagó un precio muy alto para rescatarlos de la muerte eterna y darles una nueva dignidad.

¿CÓMO SE MANIFESTÓ DIOS EN EL PASADO FRENTE A LAS NECESIDADES DE SU PUEBLO?

Las sagradas escrituras nos proporcionan un amplio compendio de hechos maravillosos realizados por nuestro Dios en distintos tiempos y lugares; además, con todo tipo de creyentes que se abandonaron en sus brazos para pedir provisión. La biblia describe momentos de hambruna y mucha necesidad. En los tiempos de Elías, por ejemplo, hubo una escasez de lluvia por tres años. Dios utilizó al profeta para anunciar este hecho nefasto; sin embargo, proporcionó a su servidor todo lo que iba a necesitar en ese lapso de tiempo: Es emocionante leer en 1 Reyes 17: 4-6 la narración de lo dispuesto por Dios:

Beberás del arroyo, y yo he mandado a los _____ que te den allí de comer...Y los Cuervos le traían _____ y _____ por la mañana y pan y carne por la tarde; y bebía del arroyo.

No puedo evitar conmoverme y evocar los momentos difíciles que hemos vivido en algunos tiempos de escases y en ejercicio de nuestro ministerio; pero, al mismo tiempo, dar testimonio de la manera como la buena mano de Dios ha estado a nuestro favor. Tal es el caso reciente cuando en este año 2020 mi esposo y yo decidimos invertir más tiempo en su obra, por tanto, él hizo un alto en su labor de rector en una institución de la ciudad de Cartagena de Indias. Por otro lado, yo deseaba tener tiempo para escribir algunos materiales de formación y proyecto de escritura personal. Sin embargo, lo que nadie se imaginaba que este sería el año de la cuarentena y la lucha mundial contra el enemigo silencioso; el Covid 19. La economía pronto comenzó a bajar y tuvimos que vernos abocados a reducir gastos y esperar con expectativa cada día lo que haría. La mayoría de los pastores del mundo hicimos uso del internet para transmitir la palabra de Dios y nosotros hicimos lo propio. A través de la web oramos por personas de distintas partes de Colombia y el mundo. Creo que la humanidad se unió como un solo hombre a clamar, no obstante, lo poco que ingresaba en las arcas de la iglesia era para suplir algunos gastos de arriendo y servicios. Entonces, comenzamos a ver muchos cuervos llegar a dejarnos provisión. En una ocasión, fue un vecino católico que había dado positivo para Covid 19, habíamos estado suplicando a favor de su vida y luego de su recuperación, una tarde toco a la puerta de nuestra casa y nos dio una ofrenda. En esa ocasión necesitamos comprar comida y pagar compromisos personales adquirido antes de la crisis.

Al mes siguiente, teníamos hermosas jornadas de oración junto a nuestra congregación y a solas como familia. Sucedió para la gloria nuevamente; hermanos en Cristo de Estados unidos y otras partes de Colombia, se añadían a las transmisiones por Facebook live, algunos eran personas conocidas y gente que le habíamos servido, pero habían emigrado a otros lugares. En conclusión, Dios comenzó a colocar en algunos de ellos, el deseo de bendecir nuestro ministerio, y como si Dios hubiese organizado un cronograma maestro, la maravillosa provisión de Dios ha llegado para el sostenimiento de su obra y ha suplido cada gasto, en cada momento y para toda necesidad, ¡la gloria sea dada al Rey de Reyes por siempre!

OBSERVA Y RESPONDE.

1. Lee Filipenses 4:6-7 y escribe una reflexión sobre el deseo de Dios para sus hijos.

2. Jesús enseñó sobre cómo evitar las preocupaciones. Lee Mateo 6:25-34 y responde:

A. ¿Por qué motivo el ser humano se preocupa tanto por las cosas materiales si Jesús advirtió que no lo hiciéramos?

B. Según Jesús ¿cuál es la actitud correcta de un creyente ante los afanes de la vida?

C. ¿Cuántas veces El Señor nos advierte de no preocuparnos?

3. Estudia detenidamente la parábola del sembrador en Lucas 8. 4-18 y escribe sobre la relación entre esta parábola y las necesidades.

ORACIÓN: Señor que triste es vivir una vida de afanes, hoy te pido que yo puedo depender de ti en oración para todas mis decisiones y tú me regales tu paz que excede todo conocimiento. Señor dame la fe para creer que siempre tendré tu provisión para cada área de mi vida y familia.

Acciones prácticas:

- Publica en tus redes un podcast. compartiendo este tema.

Frases acerca de la oración

*Dios es nuestro proveedor y no tenemos necesidad de afanarnos.

* Las bendiciones del Señor exceden en calidad nuestros anhelos.

CAPÍTULO 10. LA REVELACIÓN DEL PERDÓN

Y PERDÓNANOS NUESTRAS DEUDAS, COMO TAMBIÉN NOSOTROS PERDONAMOS A NUESTROS DEUDORES. MATEO 6: 12

El ejemplo del perdón perfecto lo ofrece Cristo al morir por los pecados de una humanidad perdida y ciega. Romanos 5: 8 me deja sin aliento cada vez que lo leo:

Mas Dios muestra su _____ para con nosotros, en que siendo aun _____ Cristo _____ por nosotros.

Puedo afirmar sin temor, que la anterior escritura me quitó años de amargura, rencor y falta de perdón.

El segundo ejemplo bíblico que agota mis lagrimas es el la historia de José y sus hermanos en Génesis 40 al 50; esta ilustra el significado del perdón en todo el sentido de la palabra. José fue rechazado y vendido por sus hermanos, y como consecuencia fue llevado como esclavo a Egipto. Posteriormente, Dios lo engrandece, exactamente como se lo había mostrado años antes en sus sueños proféticos. Uno de los factores que propiciaron el éxito de este personaje bíblico, fue tomar la decisión de pasar por alto las ofensas del pasado y asumir una actitud indulgente y amorosa con quienes habían sido sus enemigos.

El faraón nombra a José en calidad de Gobernador del imperio, y José abastece a Egipto de alimento por siete años; tal cual, Dios se lo había mostrado en uno de sus sueños. Entre tanto, en la tierra de Canaán y en todas las naciones de ese momento se desata una hambruna, por tanto, Jacob, padre de José, se ve obligado a enviar a sus hijos a Egipto para comprar los alimentos que necesitaban.

José no demora en reconocer a sus hermanos, y le toca contener los sentimientos encontrados que le surgen en ese instante. Genesis 43:30-31 registra:

Entonces José se _____, porque se conmovieron sus entrañas a causa de su hermano, y buscó donde _____; y entró en su cámara y lloró allí. Y lavó su rostro y salió, y se contuvo.

José no oculta ni ignora su dolor, pero demuestra que tiene un corazón perdonador cuando decide aliviar la culpa en el corazón de sus hermanos. El hijo de Jacob esta compungido ante el reencuentro con sus agresores, pero, al darse a conocer, es sorprendente su actitud de perdón, al darle una vuelta de tuerca a el agravio recibido, y quitar la pesada culpa de la conciencia de sus familiares:

Ahora, pues, no os _____ , ni os pese de haberme vendido acá, porque para _____ de vida me envió Dios delante de vosotros. Génesis 45:5.

El concepto cristiano del perdón implica llevar el peso y el dolor del agravio; y se nos revela a través de la persona de Cristo al sacrificarse por la humanidad pagando la deuda por nuestros pecados. Por tanto, en nuestras relaciones, cuando perdonamos, renunciamos a los reclamos, murmuraciones y a la venganza.

La ofensa no la vamos a olvidar; porque permanece en nuestra memoria. El dolor desaparece cuando nos determinamos "a pasar por alto" y dejar ir libre a la persona. No podemos engañarnos haciendo a creer a otros y a nosotros mismos que nada ha pasado. Para sanar necesitamos asumir la ofensa y el dolor que nos han causado. No es honesto ignorar la ofensa expresando "no ha pasado nada" no obstante, dentro de nosotros la herida sigue viva. La revelación del perdón se hace clara en nuestro ser interior cuando entendemos que no es olvidar, fingir, ni ignorar.

ORAR ES PEDIR PERDÓN Y PERDONAR

La plegaria eficaz debe tener como segmento obligado; pedir perdón por nuestros pecados. El arrepentimiento por nuestros pecados no admite procrastinación. Jesús cierra toda posibilidad al creyente que pueda saltarse estos requisitos; y que, al recibir el perdón del Padre, estamos obligados a dar perdón.

La oración modelo "El Padre Nuestro" es una oración formativa, por tanto, Jesús logra varios objetivos al enseñarla a sus discípulos: acercarnos a Dios como a un padre perfecto; nos enseña a depender de él para cada necesidad de la vida, y no les deja a sus seguidores otra opción que el camino del perdón.

La excusa más frecuente para no perdonar es que el ofensor no presenta evidencia de cambio; no obstante, Jesús afirma que perdonar es un estilo de vida que debe asumirse siempre que alguien nos ofenda: "setenta veces siete" Mateo 18: 21-22.

¿Y QUÉ DE PERDONARNOS? LA PARÁBOLA DE LA BASURA

Mi pecado te declaré, y no encubrí mi iniquidad. Dije: confesaré mis transgresiones a Jehová; y tú perdonaste la maldad de mi pecado. Salmo 32:5

Ana era una adulta mayor que vivía sola. La anciana había tenido dos hijos y un matrimonio traumático; en definitiva, al llegar a la mencionada edad, mi amiga vivía casi olvidada de sus hijos que residían fuera del país. Ella había laborado con ahínco durante su juventud y sus ingresos le permitían tener una vida digna.

Nuestra amiga se congregaba en la comunidad de Bogotá- Colombia donde mi esposo y yo servíamos como misioneros en ese tiempo. Solía visitarla unas tres veces por semana, y me encantaba escuchar sus hazañas de la juventud. Reíamos y llorábamos con sus narraciones cargadas de nostalgia. Enfatizaba en su belleza, además, de ser alegre y trabajadora.

Algunas veces, Anita nos brindaba café caliente o chocolate. Con el paso de los días, nuestra hermana en la fe, se desahogaba acerca de sus errores de la juventud y percibimos que sobre sus hombros pesaba una gran culpabilidad. Un día, nos confesó el dolor más grande que llevaba a cuesta; su esposo la abandono cuando ella tenía 22 años, y raptó a su hijo de cinco, se marchó a Estados Unidos y no supo de ellos, sino 15 años después.

Ana tenía una bebé de un año de nacida y no tenía como mantenerla. La mujer decidió irse a trabajar a Europa y dejar a la niña con su madre. Cinco años después, la abuela enferma de gravedad y fallece, lo cual le impulsa a matricularla en un internado, puesto, que no tiene quien la cuide.

Al final de cada año, nuestra amiga, reunía dinero y sacaba a su hija de vacaciones, pero, al iniciar el año escolar, la menor se aferraba con gritos del alma a los pies de su madre para que no la dejara en ese horrible lugar. Ana nos confiesa que asumía una actitud ruda y fingía indiferencia, pero por dentro experimentaba una gran desolación. Las aspiraciones de esta madre era ahorrar dinero para comprar un apartamento y darle la educación universitaria a su hija. Posteriormente, pensionarse y disfrutar de su compañía.

Los años pasaron y Angela la hija de Ana se formó como una prestigiosa abogada. En sus años en la universidad conoce todo tipo de vicios y promiscuidad sexual. Atrás, quedaron los días del internado, no obstante, la amargura, rebeldía y soledad marcaron para siempre la vida de la joven; entonces, ella comienza un proceso de ajuste de cuentas con su madre, por lo que ella llamaba abandono.

Una tarde en que fuimos a tomar café con Ana, percibimos un olor nauseabundo dentro del lugar; ella hizo un gesto que denotaba olvido y exclamó.

—olvidé sacar la basura y como que el olfato no me funciona. Ja, ja, ja.

Le dijimos que no se preocupara, envolvimos el paquete y lo sacamos en centro de basuras del edificio. Ese día, le dijimos: ¡Anita, saca la basura!

¿Cuál? —preguntó.

La basura del pasado. Todos cometemos errores, a veces pensando que estamos haciendo bien, pero si confesamos a Dios nuestros pecados y nos arrepentimos de corazón eres libre, perdonada y aceptada.

La oración de confesión y arrepentimiento es clave para oxigenar y mantener una vida en armonía con el creador, nuestro prójimo y nosotros mismos. Cuando confesamos nuestro pecado, entonces nos deshacemos de toneladas de la basura llamada culpa, y el enemigo de nuestra alma no puede acusarnos. Jesucristo nuestro intercesor; toma el pecado confesado y lo borra. Posteriormente, lo arroja al fondo del mar y no se acuerda, nunca más de él.

OBSERVA Y RESPONDE.

1. ¿Menciones los aspectos que tenemos que desechar para lograr armonía en nuestras relaciones? Efesios 4:31

2. ¿Qué tenemos que implementar para lograr éxito en nuestras relaciones? Efesios 4:32

3. ¿Tenemos que evidenciar cambios en una persona para perdonarla?

Mateo 18: 21 22; Mateo 5:23-24;

1. Busque Mateo 21:19 y describa las palabras de las multitudes una semana antes de que Jesús fuera entregarlo a la muerte. ¿Cuál fue la decisión de Cristo ante el rechazo y la traición de su pueblo?

ORACIÓN: Padre celestial en el nombre de Cristo el Mesías te pido me des un corazón perdonador, así como el tuyo. (nuestro WhatsApp está abierto a consejería en este aspecto)

RECOMENDACIONES PRÁCTICAS.

- ¿Crees que hay alguien a quien debas personar?
- Si condicionamos el perdón, al hecho que la persona que nos ofenda cambie, viviremos heridos siempre. Pide a Dios oportunidades de diálogo y acercamiento con las personas en conflicto. Cada caso es distinto y Dios te guiará en el tiempo justo.

Frases acerca de la oración

- Una persona herida y con raíces de amargura bloquea la comunión con el Padre Celestial y su progreso personal.
- El perdón es una gracia que otorgamos a nuestro prójimo en respuesta al gesto de Cristo de pasar por alto mis transgresiones.

CAPÍTULO 11. LOS ADVERSARIOS Y LAS ARMAS DE NUESTRA MILICIA.

Y NO NOS METAS EN TENTACIÓN, MÁS LIBRANOS DEL MAL ... MATEO 6:13

La palabra de Dios sostiene que todo creyente está enfrentado una guerra espiritual; tal oposición esta descrita en Efesios 6:12:

Porque no tenemos _____ contra sangre y carne, sino contra principados, contra potestades, contra los gobernadores de las tinieblas de este siglo, contra huestes espirituales de _____ en las regiones celestes.

Por otro lado, nuestro padre celestial nos ofrece un equipamiento, nos revela armas letales para vencer en dicho enfrentamiento. Nuestro Jehová de los Ejércitos nos enseña a pelear la buena batalla con estrategias del Espíritu y del carácter que se traducen en la mejor actitud: "por lo demás, hermanos míos, fortaleceos en El Señor, y en el poder de su fuerza". Efesios 6:10.

El arsenal divino parece inofensivo; ya que no son armas como estamos acostumbrados a ver en las guerras: metralletas, tanques, bombas etc....más bien son cualidades del carácter y disciplinas anti bélicas, no obstante, el adversario se caracteriza por ser un: devorador, ladrón y asesino, pero si confiamos en los recursos con que Dios nos equipa, él nos da la victoria.

¿CUÁLES SON LOS PRINCIPALES ENEMIGOS DE LOS HIJOS DE DIOS?

A diferencia de los que muchos creen, uno de los adversarios más acérrimos de nuestro avance integral, somos nosotros mismos. El apóstol Pablo inspirado por El Espíritu Santo le advierte a su discípulo Timoteo lo siguiente:

Ten _____ de ti mismo y de la doctrina, persiste en ello, pues haciendo esto, te salvarás a ti mismo y a los que te _____ 1 Timoteo 4: 16.

Cuando un creyente entrega su vida a Cristo se compromete, no solo a creer en la obra redentora del Mesías en la cruz; sino, en someter su vida al gobierno absoluto de Dios y su palabra viva y eficaz. La oración de fe que hace el creyente para confesar a Cristo para salvación, no garantiza su efectividad, si esta, no va acompañada de esa dependencia de por vida al señorío del rey de Reyes, esto procede de un corazón sincero y no tan solo de palabras.

Otro fragmento bíblico, que nos afirma lo dicho, es 1 Juan 2: 15-16, aquí se nos recomienda nos apegarnos o dejarnos seducir por el sistema creado por el hombre caído y enmarcado por 3 características muy peligrosas:

Porque todo lo que hay en el mundo, los deseos de la _____, los deseos de los _____; y la _____ de la vida, no provienen del padre sino del mundo.

La biblia afirma que otro enemigo de los hijos de Dios es el diablo, por tanto, no debemos ignorar sus tretas.

Los creyentes pueden pedir a Dios ser librados del mal, pero estos deben cerrar las puertas que le permita la entrada a nuestra vida. El enemigo se hace poderoso cuando nosotros le permitimos seducirnos con las artimañas del engaño, la confusión, la culpa, el miedo y la desobediencia en general.

¿QUÉ PAPEL JUEGA EL MARKETING Y LA GUERRA ESPIRITUAL?

La tentación de Jesús está enmarcada entre estas 3 áreas del ser, Jesús fue seducido a convertir las piedras en pan porque tenía hambre, puesto que por 40 días y noches no probaba bocado. Le fue ofrecido fama, poder y protección si aceptaba lanzarse desde el pináculo del templo.

Ahora bien, las concupiscencias que batallan en nuestro interior según la persona que más nos conoce; El Padre Eterno. Son aprovechadas por nuestro segundo enemigo, el diablo como lo registra Efesios 6: 11 para sumergirnos en un plan de marketing global que desde la exterior toca nuestro interior ofreciendo satisfacción temporal.

Cuando le pedimos al Señor que nos libre del mal, el Espíritu Santo nos hace consientes de la vanidad de la vida y nos evita caer en las trampas de saciar nuestro apetito con los alimentos muertos del sistema. Productos que no necesitamos: en muchos casos, más azúcar, bebidas empacadas y alimentos procesados. Las enfermedades como la diabetes, hipertensión y deterioros de toda clase acrecientan las tasas de mortalidad; y todo ello, como consecuencia de los deseos excesivos de comer los alimentos del sistema. El siguiente paso del cautiverio es la esclavitud a la industria farmacéutica: drogas de por vida, cirugías estéticas y demás.

Ya el profeta Daniel lo sabía bien siendo muy joven cuando fue llevado a la casa del rey Nabucodonosor. El joven hebreo con sus amigos pidió encarecidamente que le permitirá alimentarse con una dieta especial basada en legumbres y agua. Dios liberó a Daniel del mal porque no fue presa de los deleites del sistema babilónico, él puso de su parte y Dios hizo lo suyo, puesto que Dios no cuida descuidos.

La vida de muchos creyentes se acorta por el estrés; puesto que los hijos de la luz hemos caído en la misma trampa materialista de la gran mayoría La publicidad mediática crea necesidades inexistentes y ha hecho que se descuide lo prioritario que es la búsqueda del reino de Dios y su justicia. Muchos construyen para su hijos imperios, sin embargo, no construyen los valores que perduran para vida eterna. El hombre contemporáneo adquiere un carácter egocéntrico e indiferente a Dios. Descrito así en 2 Timoteo 3:1-4:

También debes saber que en los postreros días vendrán tiempos peligrosos. Porque habrá hombres amadores de sí mismos, ávaros, _____, soberbios blasfemos, _____ a los _____, ingratos, impíos sin _____ natural, implacables, calumniadores, _____ crueles, _____ de lo _____, traidores, impetuosos _____, infatuados, , _____de los _____más qu de _____....

El sistema te extrae el dinero del bolsillo por medio de ofertas engañosas y excesivas; en consecuencia, muchos gastan más de lo que ganan hasta quedar en la quiebra y el colapso nervioso. La falsa urgencia de obtener la última tecnología en aparatos que pronto caen en el desuso, te introduce en un tobogán cíclico de acumulación de interés en los pagos y refinanciamientos. De esta forma es que el mal penetra a despojarnos de la paz y la tranquilidad para siempre.

El mundo intenta llenar su vacío existencial consumiendo excesivamente, sin embargo, Dios permanece con sus brazos de amor abiertos deseando que las personas oren y le entreguen todo afán. Jesús nos propone un canje en Mateo 11: 28-30:

Venid a _____ todos los que estáis trabajos y cargados, y yo os haré _____.

Dios nos ofrece su ayuda para sacarnos del oscurantismo y al lastre del deterioro moral, económico y emocional.

Por otro lado, está el bufet de la industria del entretenimiento: plataformas que esclavizan a las masas a la pornografía, prostitución, negocios ilícitos y adicciones múltiples, que mutan en monstruos de mil cabezas como: violencia sexual, tratamientos psiquiátricos, hogares de rehabilitación y la esclavitud a las drogas para enfermedades crónicas.

Cuando pedimos que el reino se haga real en los corazones, se da un cambio de perspectiva en la manera de ver las cosas de este mundo, entonces, antes de endeudarnos o adquirir bienes que no necesitamos, le preguntamos a Dios en oración ¿Señor, realmente necesito esa olla que fríe sin aceite? ¡Señor guíame en cada decisión por muy insignificante que parezca! Es así, cuando la oración es eficaz, cuando estamos dispuestos a rendirnos a la voluntad divina y pese a nuestros caprichos e impulsos. Dios nos libra del mal y evita la debacle integral de nuestro ser. Un pequeño abismo nos empuja a otro como lo explica el

Salmo 42: 7:

Un abismo llama a otro a la voz de tus _____.

Jesús advirtió acerca de estos tiempos donde el espíritu de confusión engañará aun a los escogidos, por tanto, necesitamos decirle al Señor cada instante: ¡líbrame del mal! Las doctrinas erradas y manipuladoras han pululado como enemigas del evangelio de Cristo, por tanto, nuestras oraciones deben pasar por el filtro de la verdad bíblica y no solo reclamar aquellas promesas que me favorecen o suenan como música a mis oídos. Entre tanto, La humanidad gime a una con dolores de parto y la escritura dice em Romanos 8: 22-24:

...Nosotros mismos, que tenemos las primicias del Espíritu_____también gemimos dentro de nosotros mismos, esperando la _____ de nuestro cuerpo.

Mas que nunca, estamos siendo bombardeados por la parafernalia que seduce nuestros sentidos, así que las nuevas generaciones están siendo presa fácil del humanismo que delinea en los individuos, la autosuficiencia y la capacidad de reconstruirse así mismo sin ayuda de Dios. El ser humano sigue cayendo en la trampa oscura y milenaria de la desobediencia.

El sistema de salud está bien preparado para abastecer a sus usuarios de toda clase de químicos. De un tiempo a esta parte las enfermedades crónicas se han reproducido en serie; pero nada semejante al debate que supone la vacuna contra el Coronavirus el cual será el jonrón financiero para todos los involucrados en su distribución.

Amado amigo la batalla espiritual en este tiempo la tenemos que enfrentar a través de la sinergia de la iglesia, porque mientras el adversario potencia su cobertura globalista a través de redes de cooperación bien concertados, el pueblo de Dios que está dotado por el Espíritu Superior, no acciona el arma del amor sino de la división y se ha quedado librando una batalla religiosa e individualista en pequeños grupos que reprenden al mal y lo echan fuera, pero que carece de sentido común.

Vale la pena aclarar, que es importante saber discernir estos elementos en las interacciones de la vida, no estamos afirmando que todo sea pecaminoso, mucho seres humanos han sido guiados por Dios a crear inventos, descubrir curas diseños diversos, entre otros, que benefician la calidad de vida del hombre.

La oración enseñada por Jesús nos permite lidiar con nuestro ser interior, por tanto, antes de ser librados del mal, necesitamos darnos una mirada introspectiva y clamar como lo hizo David en Salmo 139: 23-24:

_____, oh Dios, y conoce mi corazón, ... Y ve su hay camino de perversidad, y guíame en el _____eterno.

La oración eficaz nos permitirá estar alejados de las trampas del marketing global y el materialismo y saber lo que sabiamente afirma el rey Salomón en Eclesiastés 1:8

...Nunca se sacia el _____ de ver, ni el oído de oír.

Cuando le pedimos a Dios que nos libre del mal, lo que estamos rogando es que nos guarde de nosotros mismo, es decir, de las malas decisiones que tomamos a diario en nuestra cotidianidad, que nos permita hacerle frente al diablo con la palabra y no en nuestra estrategia emocional y engañosa.

¿CÓMO CRISTO ENFRENTÓ LOS ATAQUES DE SU ADVERSARIO?

La llegada del Salvador del mundo a la tierra estuvo marcada por la persecución, desde el mismo momento de su concepción.

El rey Herodes "El grande "que era el gobernante del pueblo judío en ese momento, se entera del futuro rey que había sido anunciado por los profetas antiguos. El monarca trata de convencer a los magos para que le proporcionen la ubicación exacta del nacimiento del futuro mesías, aduciendo que él desea rendirle tributo.

Los planes de Herodes son liquidar al futuro rey de los judíos, sin embargo, Dios se manifiesta a los magos en sueños y les advierte del complot contra el hijo de Dios, estos hacen caso omiso al pedido del rey; por tanto, Herodes se enfurece y ordena acabar con la vida con los inocentes menores de dos años. En tanto, Jesús es puesto a salvo por sus padres terrenales quienes siguen las instrucciones de un ángel de Dios.

Nuestro salvador nos dio ejemplo de cómo lidiar con las seducciones rutinarias del adversario, el diablo. Lo primero que nos enseña nuestro Maestro es a proteger y permanecer en nuestra posición como hijo de Dios. Lo anterior queda plenamente demostrado cuando "el enemigo" le propone:

Si eres Hijo de Dios, di que estas piedras se _____ en pan. Mateo 4: 3.

Jesús sabía quién era, y cuál era su status espiritual. Él sabía que no tenía que demostrar nada a nadie. Sin embargo, muchos creyentes pierden su posición cuando alguien le hace dudar con preguntas como: ¿Por qué ahora que eres cristiano te va tan mal? Entonces, al ver su ego afectado, algunos, tratan de demostrar lo que no son. Una rutina de oración forma en nosotros el carácter y la autoridad para colocar al enemigo en su lugar y mantenernos firmes sin fluctuar.

La petición "líbrame de mal" incluye Señor líbrame de toda egolatría, orgullo, prepotencia y falsa espiritualidad. El espíritu fariseo nos conduce a querer demostrar nuestra prosperidad y habilidad espiritual para ganar la admiración del hombre.

Por otro lado, conocer las escrituras nos capacitan para vencer los ataques de maligno y utilizarlas en la oración como herramienta de afirmación de nuestra fe. Cristo no solo conoce las escrituras, sino, la sabe citar y desenfundar en el tiempo justo: "escrito esta ". y como arma de guerra o espada de dos filos como reza en Hebreos 4:12.

Cuando cada día nos disciplinamos a leer y escudriñar la palabra de Dios esteremos capacitados para vencer la duda, como dice Romanos 10:17:

Así que la _____ es por el _____, y el oír, por la _____ de Dios.

Aun muchos ministros han abandonado el mensaje formativo del carácter de Dios en los discípulos y se han centrado en el mensaje de la fama, status y la riqueza. Las señales más comunes en estas comunidades es el lujo y la excentricidad. Lo anterior, es pan, fama y riqueza, pero sin Dios. Muchos servidores han caído en la trampa de desear los reinos de este mundo. Muchos han confundido un ministerio prospero con "un vestido entero, brillante y costoso para viajar por las naciones" y cuando no lo obtienen se sienten fracasados y caen en la trampa de manipular a la grey para obtener lo que desean.

Vale la pena aclarar que es un error caer en el extremo opuesto, Jesucristo nos da la medida del equilibrio: ¡A Dios, lo que es de Dios, y a Cesar, lo que es de Cesar! El llamado a las naciones es real. El profeta Jeremías, por ejemplo, fue llamado como profeta a las naciones; el problema radica en que muchos aspiran ir a las naciones y en su casa no saben que son creyentes. Primero es nuestra familia como lo enseña hechos 1: 8. La oración nos libra del mal, esto también atañe a las falsas doctrinas y los falsos parámetros para medir la bendición de un creyente.

¿CUÁLES SON LAS ARMAS DIVINAS PARA VENCER EN LA BATALLA ESPIRITUAL?

Entre las armas recomendadas en las escrituras para defendernos de las asechanzas del mal está "el orar en todo tiempo".

Orando en todo tiempo con toda oración y suplica en el Espíritu, y velando en ello con toda perseverancia y _____ por todos los _____.

Por mucho tiempo creí, que orar en el Espíritu era caer en un trance o tener una experiencia emocional que me llevara a electríceme. Finalmente, he concluido que no sabemos orar correctamente, sino, que al entregarle la dirección de mi "yo" al Espíritu Santo el me guía a orar desprovista de egoísmos y enfocada en hacer su voluntad como aprendemos en Romanos 8: 26:

Y de igual manera él _____ nos ayuda en nuestra debilidad, pues mismo _____ por nosotros con _____ indecibles.

Las armas más efectivas para vencer son las que pueden asesinar a nuestra egolatría y hacer triunfa la humildad.

Muchos oran, pero no se le ha sido revelado el secreto de orar sin cesar. Es muy simple, solo debemos evocar la imagen de un adicto al internet o a la tecnología, así mismo debe ser un adicto a la oración; "ora sin cesar".

La oración es la práctica que nos permite desenfundar otras armas divinas (según Efesios 6: 10- 20) como aquellas que vencen la mentira; esa es; "el cinto de la verdad".; las armas que le dan de baja al pecado como; "la coraza de justicia". El yelmo de salvación vence la muerte eterna cuando el creyente se apropia de la revelación de la obra redentora de Cristo en la cruz. Cuando el pueblo de Dios anuncia las buenas nuevas de salvación, entonces, Dios nos calza con el apresto del evangelio de la paz o "el calzado del evangelio". La fe es un arma divina que ataja todas las flechas venenosas que los arqueros malignos nos lanzan a nuestra mente, ellos nos desestabilizan y perdemos potencia en nuestro llamado. Mucho pueblo de Dios se desanima con facilidad, sin darse cuenta, que es un dardo del maligno. Por otro lado, la espada del Espíritu es un arma que atraviesa el alma del hombre, puesto que es, la palabra de Dios; la cual, al ser usada efectivamente, nos permite llevar una vida de obediencia y saber cada promesa con que Dios se ha comprometido a nuestro favor. Esta es un instrumento de defensa y ataque, posee doble filo, por tanto, es propicia para quien la recibe, y el que la da.

Medita y responde

Escribe al frente de cada verso las armas divinas, según Efesios 6:14-18 ¿cuáles son las armas que nos provee Dios y porque pueden ser letales para el enemigo?

     A. V14_____

     B. V14_____

     C. V15_____

     D. V16_____

     E. V17_____

     F. V18_____

1. Jesús utilizó estas mismas herramientas para vencer al enemigo. Lea estos textos y relaciónelo con alguna parte de la armadura:

     A. Mateo 4: 4-11

     B. Mateo 28: 19-20

C. Juan 8:32

D. Hechos 4:12

E. Mateo 6: 9-15

Oración: Señor permíteme empuñar estas armas de guerra con la revelación y obediencia correcta.

Acciones prácticas

- Aprende de memoria cada elemento de la armadura de Dios en:

> **Frases acerca de la oración**
>
> - No podemos ignorar las maquinaciones del enemigo. Asimismo, no podemos vivir paralizados por el temor .
> - La armadura de Dios es un estilo de vida, por tanto, es real con nuestra obediencia.

ANEXO 1. ORACIÓN DE FE PARA SER SALVO.

La presente oración encuentra sus bases bíblicas en: Romanos 6: 23; Apocalipsis 3: 20 y Romanos 10: 9-10.

Señor Jesucristo, hoy decido abrir mi corazón y mi vida para recibirte como mi único Señor y Salvador.

Creo y proclamo tu obra redentora en la cruz: que tu moriste, fuiste sepultado y resucitaste de entre los muertos para dame vida y vida en abundancia.

Reconozco que soy pecador y me arrepiento con corazón humilde y sincero por haber ofendido tu carácter santo.

Límpiame con tu sangre preciosa como lo prometes en 1 Juan 1: 9 "que, si confieso mis pecados, tú me limpias de toda maldad".

Hoy recibo en fe el regalo de la vida eterna y ruego que tu santo Espíritu me llene y me guie a tu verdad de ahora y para siempre, amen.

Si después de hacer esta oración, deseas crecer en el conocimiento de Dios y la biblia puedes contactarme. Con mucho gusto te guiare en tu crecimiento espiritual.

ANEXO 2. GUÍA PARA ORAR UTILIZANDO LA ORACIÓN MAESTRA "EL PADRE NUESTRO"

Padre Celestial, hoy reconocemos tu grandeza y santificamos tu nombre. Te adoramos, te exaltamos y te damos nuestra mejor alabanza. Muchas gracias por los múltiples beneficios recibidos de tu mano (pueden enumerarse las bendiciones de ese día, si lo desean).

Señor te ruego que tu gobierno venga a mi corazón. Te pido que te entrones en mi hogar y cada miembro de mi familia (aquí se pide con nombre propio por cada miembro de la familia). Te doy gracias por esta ciudad y este país donde me permites vivir (es recomendable tomar un periódico y pedir por las problemáticas que impiden que Dios gobierne en tu territorio. Es muy importante ante los ojos de Dios pedir por los gobernantes). En este segmento se pide por salvación y que la palabra llegue a los corazones. Pedimos que Dios envíe obreros que cumplan la tarea de anunciar el mensaje de salvación.

Padre me someto a tu voluntad en todas las áreas de mi vida. Te pido que alinees mi voluntad a la tuya.

Pongo en tu altar mis necesidades (en este segmento se pide por lo material, las añadiduras. Por ejemplo: trabajo, provisión económica, un viaje etc).

Me arrepiento de mis pecados Señor. Pido que tu Espíritu Santo me examine y tu me guíes por el camino recto. Crea un limpio corazón dentro de mí (es preciso que seamos honesto con Dios y nosotros. Es importante reconocer nuestros pecados y trabajar en caminar en oposición a ellos).

Padre decido perdonar a las personas que me han ofendido. Renuncio a toda raíz de amargura (es preciso nombrar a las personas que de alguna manera te han herido, perdonarlas y bendecirlas).

Señor levanto cerco de protección en mi vida y mi casa. Líbrame de todo mal y de las tentaciones. Concédeme el don de la sabiduría para tomar las mejores decisiones siempre y el discernimiento para detectar los engaños del enemigo a través del sistema global.

Muchas gracias Dios. Todo esto te lo pido en nombre de tu hijo Jesucristo. Amen.

Made in the USA
Columbia, SC
23 September 2021